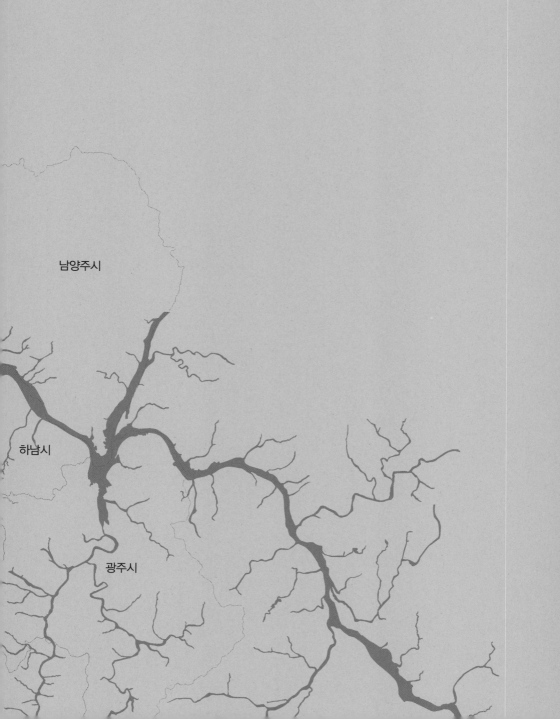

남양주시

하남시

광주시

서울, 성 밖을 나서다

서울, 성 밖을 나서다

옛 지도를 들고 떠나는
걷기 여행 특강2

1판 1쇄 찍은날 2011년 9월 16일
1판 5쇄 펴낸날 2018년 4월 25일

지은이 이현군
펴낸이 정종호
펴낸곳 (주)청어람미디어

편집 윤정원
디자인 기민주
본문 일러스트 김성현
마케팅 김상기
제작·관리 정수진
인쇄·제본 한영문화사

등록 1998년 12월 8일 제22-1469호
주소 03908 서울시 마포구 월드컵북로 375, 402호(상암동)
전화 02)3143-4006~8
팩스 02)3143-4003
이메일 chungaram@naver.com
포스트 post.naver.com/chungaram_media

ⓒ 이현군 2011
ISBN 978-89-97162-03-1 04900
       978-89-97162-04-8(세트)

이 책은 2007년 정부(교육과학기술부)의 재원으로 한국연구재단의 지원을 받아
연구된 결과(KRF-2007-327-B00793)입니다.

이 도서의 국립중앙도서관 출판시도서목록(CIP)은 e-CIP 홈페이지(http://www.nl.go.kr/cip.php)와
국가자료공동목록시스템(http://www.nl.go.kr/kolisnet)에서 이용하실 수 있습니다. (CIP제어번호: CIP2011003843)

옛 지도를 들고 떠나는 걷기 여행 특강2

서울,
성 밖을
나서다

이현군 지음

청어람미디어

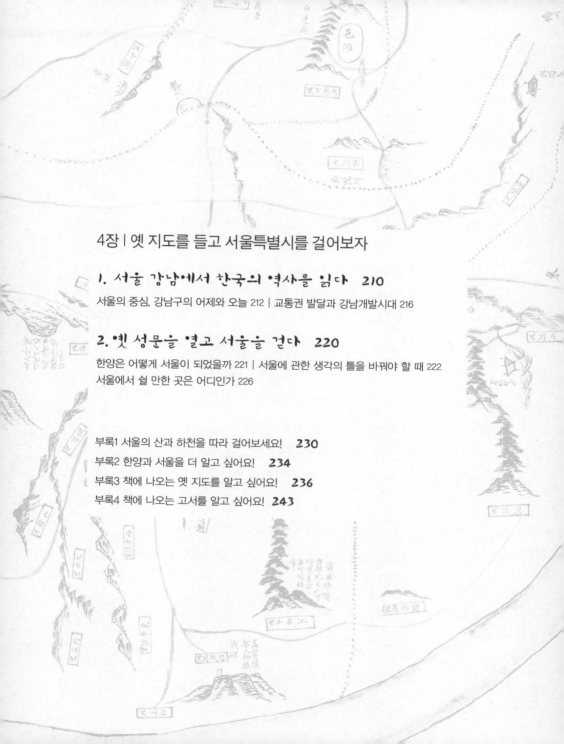

4장 | 옛 지도를 들고 서울특별시를 걸어보자

서울, 성 밖을 나서기 전에

첫 번째 책인 『옛 지도를 들고 서울을 걷다』는 조선시대 한양 도성 안을 중심으로 이야기하였습니다. 우리가 흔히 말하는 홍인문東, 돈의문西, 숭례문南, 숙청문北이라는 4대문 안의 이야기였습니다. 서울이 처음 수도가 된 조선시대 한양이 어떤 모습으로, 왜 그렇게 만들어졌나를 살펴보았습니다.

두 번째 책인 『서울, 성 밖을 나서다』는 조선시대에는 한양 도성 안에 포함되지 않았지만, 현재는 서울특별시에 포함된 지역에 관한 이야기입니다. 도성 안 중심도시 한양에서 서울로 바뀌는 과정에서 성 밖이 변하고, 경기도 지역이었던 곳이 서울로 편입되면서 한양과 서울은 다른 도시가 되었습니다. 지금 서울에서 가장 번화한 곳은 서초, 강남, 송파의 강남 3구와 여의도입니다. 이곳은 조선시대에 한양이 아니었습니다. 경기도였습니다. 지금은 고층빌딩이 들어선 강남대로, 테헤란로가 조선시대 경기도였다니, 믿기 힘들지요? 강남 지역을 한양으로 착각하는 분도 있습니다. 저도 서울 변화사를 공부하기 전에는 그렇게 생각하였습니다.

서울이라는 도시의 변화는 어디에서 찾아야 할까요? 성 밖 지역과 한성부가 아니었으나 서울특별시에 포함된 지역을 보아야 합니다. 변화는 도성 안이 아니라 밖에서 일어나기 때문입니다. 도성 안 중심의 세계에서 서울특별시 강남 3구 중심의 체제가 어떻게 만들어졌는지 이해하기 위해서는, 그 중간지대를 이해하고 그 속에 담긴 이야기를 다시 발견할 필요가 있다고 생각합니다. 『서울, 성 밖을 나서다』는 서울과 한양이 어떻게 다른가를 찾아보는 작업의 결과라 할 수 있습니다. 그러기 위해서는 성 밖과 새로 서울이 된 지역을 살펴보아야 했습니다.

한국사 변화과정과 서울의 변화는 그 맥을 같이 합니다. 흥선대원군의 아버지인 남연군의 묘를 도굴하려다 파문을 일으킨, 독일의 상인이자 항해가인 에른스트 야코프 오페르트Ernst Jakob Oppert가 쓴 『금단의 나라, 조선 기행』이라는 책이 있습니다. 이 책을 보면, 그가 사람들에게 '한성'을 물었을 때는 다들 모른다고 했지만, '국왕이 사는 곳'이라고 하자 '서울'이라고 외쳤다는 이야기가 나옵니다. 한양, 한성이란 지명 이외에도 왕이 사는 도시가 서울이라는 이름으로 불렸던 것으로 짐작이 됩니다.

시간이 지나면서 도시의 중심축은 이동하였지만, 중심 기준점은 그대로 유지됩니다. 서울의 원형은 한양이 도읍으로 정해진 시기, 조선 초기에 만들어졌습니다. 이때의 모습은 4대문 안, 도성 안에 남아 있습니다. 역사도시, 문화도시로서 서울의 문화콘텐츠는 도시 원형 형성기에 만들어졌습니다.

조선시대 한양 도성 안을 종로와 청계천을 기준으로 보면, 북촌과 남촌으로 나누어집니다. 조선시대 한양의 중심은 북촌이었습니다. 일제강점기에 일본 사람들이 많이 들어온 공간은 명동과 충무로 일대 남촌입니다. 따라서 중심부는 북촌에서 남촌으로 이동합니다. 조선시대에서 일제강점기로 넘어가는 과정에서 중심부가 바뀌었습니다. 도성 안 중심에서 용산 지역으로 시가지가 확대되었습니다. 1960년대 이후에는 서울의 중심부가 한강을 넘어갑니다. 한강 북쪽에서 한강 남쪽으로 중심이 옮겨갑니다.

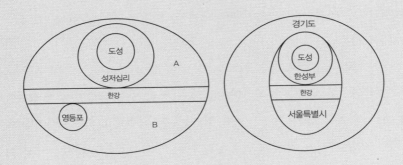

이 책에서는 서울을 크게, 도성 안, 한성부에 포함되었지만 도성 밖에 해당하는 지역(성저십리), 한강, 서울특별시에 포함되는 조선시대 경기도 지역으로 나누어 살펴보았다. 위의 그림은 경기도 속에 서울특별시가 있고, 서울 안에 한성부(한양)가 있음을 보여준다.

옛 지도와 지리지를 처음 공부할 때 당혹스러웠던 점은, 지도가 바뀐다는 것이었습니다. 한양(한성부)은 한강 북쪽 지역이었습니다.(그림 A지역) 일제 강점기 영등포를 시작으로, 해방 이후 한강 이남 지역이 서울시에 편입되었습니다.(그림 B지역) 한강 이남, 현재의 서울특별시 지역은 옛 경기도의 군현이었습니다. 지난 60여 년 동안 옛 모습에서 가장 많이 변한 지역이 서울의 강남이었습니다. 옛 지도와 현재 지도를 번갈아 비교해보아야 했습니다. 지명도 변하였습니다. 중심지도 변하였습니다. 수도권에는 신도시가 들어섰습니다. 또,

옛 경기도였던 지역이 휴전선이 생기면서 북한 지역으로 들어갔습니다.

'도성 밖을 나선다'의 첫 번째 의미로, 저는 한양에서 서울로, 도성 안에서 한강 남쪽까지 넓어진 서울과 경기도를 읽어보고자 합니다. '서울은 넓다'라는 관점으로 이야기를 하고 싶습니다. 서울의 역사적 변화과정은 공간적으로 넓어지는 과정이기도 했습니다. 넓어지면서 한양과 달라진 도시가 서울특별시입니다.

두 번째 의미로, 시간의 측면에서 한양과 서울을 보고자 합니다. 구한말 이후 도성都城의 성곽이 없어지면서, 도성은 더 이상 성城이 아니게 되었습니다. 성곽이 없어지고 도시가 현대화되면서 서울과 경기가 어떻게, 왜 바뀌게 되었는지, 그래서 지금은 어떠한 모습인지 생각해봅시다.

서울은 도성 밖을 나서면서, 공간적으로 넓어지고 시간적으로 여러 층을 이루는 도시가 되었습니다. 시간적으로 여러 층이 있고, 공간적으로 여러 영역으로 나뉘는 도시가 서울입니다. 도성 문을 나서는 순간 구한말, 일제강점기, 해방 이후, 근대화 시기, 현대로 이어지는 우리나라 도시사都市史를 만나게 됩니다. 공간적으로 성 밖 지역을 지나 경기도를 거쳐 전국으로 이어지는 길이 발견됩니다.

개인적으로 저는 서울을 크게 네 지역 즉, 옛 한양의 도성 안 지역, 한성부에 포함되지만 도성 안이 아닌 성 밖 지역(성저십리), 한강, 그리고 한성부가 아니었으나 서울에 포함된 옛 경기도 지역으로 나눕니다. 도성 안은 조선시대를 상징하는 공간입니다. 성 밖 지역은 한성부에 포함되지만, 도성과 옛 조선시대 경기도를 연결하는 곳입니다. 성곽이 없어지면서 도시화가 진행된 곳,

현재는 곳곳에 뉴타운이 들어서는 지역입니다. 각각의 공간이 어떻게 변했는지 보기 위해서는 서울을 입체적으로, 구조적으로 이해할 필요가 있습니다.

2008년 2월 10일에 까맣게 불탔던 남대문은 서울의 남대문이 아니라, 한양의 남대문입니다. 남산은 서울의 남산이 아니라, 한양 도성의 남산입니다. 한양이 아닌 강남까지 포함된 서울특별시의 남대문은 고속도로 서울톨게이트라고 생각합니다. 서울특별시의 남산은 서울과 경기도의 경계 지점인 관악산이 되겠지요.

한양은 도성 안을 중심으로 하는 도시입니다. 이에 비해 서울은 한강과 그 남쪽까지 포함하는 도시입니다. 서울특별시는 넓습니다. 단순히 넓어진 게 아니라, 다른 도시가 되었습니다. 조선시대 한양 주변 군현과 현재의 서울을 비교해본다면, 시대에 따라 도시는 전혀 다른 모습으로 변한다는 것을 알 수 있습니다.

서초구는 조선시대에 경기도 과천이었고, 강남구, 송파구, 강동구는 경기도 광주였습니다. 위의 지역은 1963년부터 서울시에 포함되었고, 영동지구 개발 이후에 전혀 다른 곳으로 변모하였습니다. 중랑천 동쪽도 조선시대에는 양주 땅이었고, 양천구와 강서구는 양천현이었습니다. 영등포구, 구로구, 금천구, 관악구와 동작구 일부는 옛 시흥 땅이었습니다. 이러한 사실을 알고 다시 서울을 들여다본다면, 우리가 사는 도시를 중층적으로 볼 수 있습니다.

한성부에는 포함되었지만 소외되었던 도성 밖 지역과 새로 서울에 편입된 지역을 본다면, 서울특별시가 넓어지기 전, 그리고 앞으로 서울이 어떻게 변할까를 상상할 수 있지 않을까요? 책 제목을 『서울, 성 밖을 나서다』로 정한 것도, 현재의 서울은 도성 안이 아니라 성 밖에 새로 만들어진 도시이기 때문입니다. 서울이 성 밖을 나서는 순간, 우리는 새로운 시간과 장소를 만나게 됩니다.

이 책이 서울을 상상하는 데 도움이 되었으면 좋겠습니다.

머릿속에 서울을 그려보자

1. 머릿속에 지도를 그리다

강의나 답사 안내를 할 때, 저 혼자 목표로 삼은 것이 있습니다.

'서울과 한양을 머릿속에서 그릴 수 있게 하자. 현재 서울에서 조선시대 한양, 일제강점기 경성, 해방 이후 서울, 근대화 시기 서울을 분리할 수 있게 하자. 각 시기별 특성을 지층처럼 공간에서 수직적으로 찾을 수 있게 하자. 서울을 입체적으로 생각할 수 있게 하자.'

이것이 가능하다면 '서울에 대한 각자의 지도를 나름대로 만들 수 있지 않을까?' 하는 생각입니다. 서울뿐만 아니라 경기도와 한반도 전체 지역도, 이 과정을 거치면 우리 국토에 대한 이미지 지도를 각자 머릿속에 그릴 수 있을 것이라 봅니다.

역사적 사실만 알면 평면적인 지도가 만들어지지만, 직접 답사하다 보면 입체적으로 도시와 지역을 이해할 수 있습니다. 머릿속에서 산과 강을 그리고, 그 위에 시와 도의 경계를 그리고, 그 위에 문화유산을 그릴 수 있다면, 스스로 역사문화지도를 만들 수 있다는 얘기가 됩니다. 이렇게 수강생들의 머릿속에

입체적으로 심상지도(멘탈맵Mental)를 심어주면, 삼국시대를 알고 싶을 때 A지역, 고려시대를 공부하고 싶을 때 B지역, 조선시대는 C지역, 일제강점기는 D지역을 답사하면 된다는 답이 나옵니다.

저도 답사를 떠나기 전에는 잘 아는 지역이라도 지도책을 다시 펴듭니다. 가고 싶은 장소를 찾아보고, 어떻게 가야 할지 가상의 경로를 지도 위에 그려봅니다. 그리고 주변에 무엇이 있나, 근처에 가볼 만한 곳은 또 없는가 살펴봅니다. 이렇게 여러 장소를 찾아놓고 보면, 그 지역의 특성을 미루어 짐작할 수 있습니다.

어느 산, 어느 하천까지 서울인가

학생들에게 서울 관련 강의를 할 때, 저는 첫 수업시간에 항상 서울지도를 그리게 합니다. A4용지를 하나씩 나누어주고, 서울의 자연을 표시해보라고 합니다. 한강은 가운데 그리게 합니다. 다음으로 아는 산을 넣게 하고, 하천을 그리게 합니다. 한강은 어느 정도 그리지만, 산과 하천을 그려보라고 하면 이때부터 천장만 바라보는 학생들이 나오기 시작합니다.

조선시대 한성부 이래로 서울의 행정구역 경계가 된 것은 산과 하천, 자연이었습니다. 조선시대 한성부의 핵심지역은 도성 안입니다. 북쪽의 백악산(북악), 서쪽의 인왕산, 남쪽의 목멱산(남산), 동쪽의 타락산(낙타산, 낙산)으로 둘러싸인 곳이 도성입니다. 도성의 네 산 밖에 있는 산은 북악산 뒤쪽의 삼각산(북한산), 인왕산 서남쪽의 덕양산(행주산성), 한강 남쪽의 관악산, 낙산 동남쪽의 아차산입니다.

북한산

백악산(북악)

사천
모래
내

중랑천

덕양산(행주)

아차산(용마)

도성
인왕산   한성부   타락산(낙산)

서해

한강   목멱산(남산)

북한강

남한강

안양천
도림천

탄천
양재천

관악산

서울의 자연환경이 현재 도시, 서울특별시를 만들었다.

    북한산, 아차산, 관악산, 덕양산(행주산성)이 외사산外四山이 되지만, 현재 서울의 행정구역 경계에서는 덕양산이 아니라 난지도가 서쪽 경계가 됩니다. 지금은 공원으로 조성되어 있지만, 섬이었던 난지도(중초도)에 쓰레기가 쌓이면서 인공의 산이 들어섰습니다. 그러면서 서쪽 경계 역할을 하게 되었습니다.

    현재 서울의 한가운데를 흐르는 한강을 중심으로, 북쪽의 북한산, 남쪽의 관악산이 서울의 남북 경계지점이 됩니다. 조선시대 한성부는 한강 이북에 해당하지만, 1963년 1월 1일부터는 관악산이 서울의 남쪽 경계가 되었습니다.

    안쪽 네 개의 산을 사이에 두고 흐르는 하천이 개천(청계천)이고, 바깥쪽 네 개의 산 가운데로 흐르는 강이 한강입니다. 북한산에서 발원하여 인왕산과 난지도 사이를 흐르는 하천이 사천(모래내, 불광천, 홍제천)입니다. 동쪽의 아차산과 낙산 사이를 흐르는 하천이 중랑천입니다. 이 하천은 남쪽으로 흐릅니다. 한강 남쪽의 하천은 북쪽으로 흐릅니다.

대개 지도는 북쪽이 위가 되게 그립니다. 물은 높은 곳에서 낮은 곳으로 흐르고요. 그래서 착시현상 때문에 한강 남쪽의 하천이 한강으로 들어가지 않는다고 착각하기도 합니다.

사천 맞은 편 한강 남쪽의 하천이 안양천이고, 중랑천과 마주하는 하천이 탄천입니다. 남쪽에서 발원하여 한강으로 들어가는 하천입니다. 서울과 인접한 주요 하천으로는 사천 서쪽의 창릉천, 중랑천 동쪽의 왕숙천, 안양천 서쪽의 굴포천을 들 수 있습니다.

중랑천은 동부간선도로의 경로와 일치하고 사천은 내부순환도로의 경로가 됩니다. 한성부는 동부간선도로(중랑천), 내부순환도로(사천), 강변북로(한강)를 연결한 범위에 해당합니다. 서울 외곽의 안양천은 서부간선도로의 경로가 되고 탄천은 수서-분당간 고속화도로의 경로가 되며, 왕숙천은 서울 외곽순환고속국도의 경로와 겹칩니다.

한성부에 비해 현재의 서울은 넓습니다. 북한산에서 한강을 넘어 관악산까지, 동쪽의 아차산까지, 서쪽의 난지도까지가 현재 서울입니다. 반면, 한성부의 경계는 북한산과 한강, 사천과 중랑천입니다. 이 밖의 지역은 경기도였습니다. 한강 남쪽에서 관악산까지, 중랑천에서 아차산까지는 새로 편입된 서울입니다.

서울의 네 지역, 시간과 공간의 만남

역사적 맥락으로 서울을 보면, 현재의 서울특별시가 되기까지 고려의 남경으로서의 한양, 처음 도읍지가 된 조선시대 한성부, 구한말과 일제강점기의 경성부, 광복과 한국전쟁기의 서울, 분단 이후 근대화 시기의 서울, 현대 서울로 나눌 수 있습니다. 이 방식은 시간 순서대로, 연대기적으로 서울을 보는 방법입니다. 시간 순서대로 서울을 보면 지루해집니다. 온통 외울 것 밖에 없습니다.

지리학의 관점, 공간과 장소의 맥락에서 서울을 나누어 봅시다. 저는 서울을 네 영역으로 나눕니다. 사대문을 기준으로 한 도성 안, 한성부에 포함되었지만 도성 밖에 해당하는 지역, 한강, 현재 서울특별시에 포함되는 조선시대 경기도 지역으로 나눌 수 있습니다.

이렇게 나누는 이유는 한강 이북의 조선시대 한성부와 한강 이남까지 포함되는 서울특별시에는 역사적 과정과 함께 공간적 확산의 문제가 복합적으로 숨어 있기 때문입니다. 현재 서울을 제대로 이해하려면 '시간+공간', '역사+지리'의 관점으로 봐야 한다고 생각합니다. 현재 서울시는 한강을 기준으로 강북 지역과 강남 지역으로 대별됩니다. 지역 구분의 문제는 단순히 직업, 월소득, 주거환경 등 계층의 문제가 아니라, 역사와 지리가 결부된 문제입니다.

조선왕조의 수도였던 한성부의 도시구조는 도성 안 중심으로 계획되었습니다. 그래서 제가 서울을 나누는 네 부분 중 첫 번째 지역인 도성 안은, 왕조 도시의 상징경관을 중심으로 봐야 합니다. 궁궐, 종묘, 사직, 청계천, 종로 등을 보는 것이 핵심입니다. 두 번째 지역인 성 밖은 한성부 범위에는 포함되지만 비핵심 지역입니다. 도성 안과 조선시대 경기도의 중간지대로 이해하면 됩니다. 이곳에서 생산활동이 이루어졌고, 물류중심지가 들어섰고, 여러 제단이 있었습니다. 세 번째 지역인 한강은 한반도 전체와 한성부를 물길로 연결했던 곳입니다. 한강은 강원도에서 발원한 북한강과 충청도에서 시작된 남한강이 양수리에서 만나, 한성부 남쪽을 흐르는 강입니다. 서해에서는 임진강, 예성강과 만납니다. 한반도 중심부를 흘러 내륙과 바다를 연결시키는 하천입니다. 나루터를 통해 강의 남쪽과 북쪽을 연결하는 통로이기도 합니다. 네 번째 지역은 조선시대에는 경기도였던 곳입니다. 서울시 범위가 확장되면서부터 포함된 지역입니다. 한국 근현대사 속에서 지역이 어떻게 변했는지를 특징적으로 보여주는 지역입니다. 중랑천의 동쪽, 사천(홍제천, 불광천)의 서쪽, 한강의 남쪽인 강남 지역입니다.

서울의 터닝 포인트Turning Point, 역사가 도시를 변화시킨다

서울의 확장과정은 공간적 측면뿐 아니라, 시간적 측면에서도 결정적 변화의 시기가 있었습니다. 한양 도성에는 왕이 있었습니다. 그러나 이제는 왕이 없습니다. 성곽이 없어지면서, 도읍도 사라졌고 조선도 사라졌습니다. 일제강점기 경성부를 거쳐 서울, 서울특별시가 되었습니다. 대한민국이 되었습니다. 백성이 아니라 국민이 되었습니다. 왕이 모든 것을 통제하던 시기에서, 일제 조선총독이 관할하던 공간이, 이제는 입법부, 사법부, 행정부, 그리고 국민이 주인인 21세기가 되었습니다.

도시는 결정적으로 변화하는 시기 즉, 터닝 포인트가 존재합니다. 따라서 도시 변화는 단계별로 구분할 수 있습니다. 행정구역이 변화하는 측면에서 보면, 1914년, 1936년, 1943년, 1949년, 1953년, 1963년이 터닝 포인트에 해당합니다.

조선은 1910년에 일본의 식민지가 됩니다. 이후 1914년에 한반도 전체에 대대적인 행정구역 개편이 있었습니다. 독립된 군이나 현으로 존재했던 지역이 통폐합됩니다. 서울 주변 경기도의 군현도 통합됩니다. 한성부는 원래 강북 지역이었습니다. 그런데 1936년에 한강과 강남 지역이 경성부로 처음 편입됩니다. 이때 여의도와 영등포 지역이 경성부에 들어옵니다. 1943년은 현재 행정구역 체계의 기초가 된 구區제도가 생긴 해입니다. 1945년에는 일제로부터 해방되었고, 1948년에 남한 단독정부가 수립됩니다. 이후 1949년에 서울의 행정구역 개편이 있었습니다. 한국전쟁이 끝난 1953년에는 휴전선이 생기고 경기도의 영역에 변화가 생깁니다. 1961년 5.16 쿠데타 이후에 군사정부가 들어섭니다. 이후 1963년에 서울이 한양과 전혀 다른 도시로 탈바꿈하는 행정구역 개편이 있었습니다. 1963년 1월 1일부터 현재 서울특별시에 포함되는 한강 남쪽 대부분이 경기도에서 서울로 바뀝니다. 1962년 말 268㎢였던 서울시 면적이 1963년 1월 1일부터 596.5㎢가 되었습니다. 이후 여의도와 강남개발의 결과, 강남 중심의 현재 서울로 변하게 되었습니다.

현재 서울에서 옛 한양을 비교하려면 '현재 서울-1963년 서울-한국전쟁 휴전 이후 서울-해방 직후 서울-1936년 서울-1914년 서울-구한말 서울-조선시대 서울' 순으로 거슬러 올라갈 필요가 있습니다. 행정구역 개편과 관련된 구체적인 내용은 해당 지역 설명 부분에서 다시 말씀드리겠습니다.

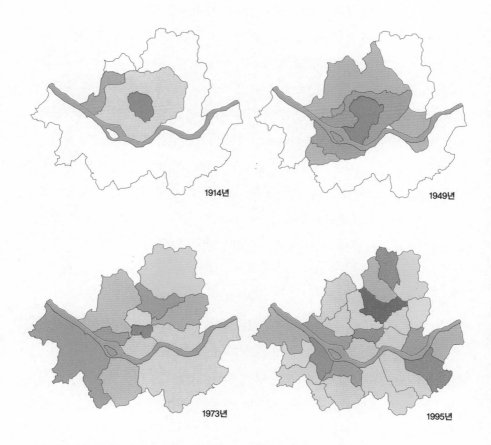

1914년

1949년

1973년

1995년

서울특별시 행정구역 변천. 한강 남쪽 중 처음 경성부에 포함된 것은 1936년의 영등포 일대였고, 관악산이 서울의 경계가
된 것은 1963년이었다.

한성부 5부에서 서울특별시 25개구로

도성 밖을 나서기 전에 먼저 서울의 행정구역을 살펴볼까요?

2010년 현재 서울특별시는 25개구로 이루어져 있습니다. 조선시대 한성부는 5부였습니다. 동부, 서부, 남부, 북부, 중부였지요. 창덕궁 동쪽이 동부, 경복궁 서쪽이 서부, 청계천 남쪽이 남부, 경복궁과 창덕궁을 잇는 길의 북쪽이 북부, 북부와 남부의 중간이 중부였습니다. 대부분 도성 안 지역이었고, 한성부는 한강 이북에 형성된 지역이니까 당연히 한강 이남은 경기도였습니다.

현재 25개구 중에서 14개구는 강북에, 11개구는 강남에 있습니다. 처음 구로 지정된 곳은 종로구, 중구, 동대문구, 용산구, 성동구, 서대문구, 영등포구 등 7개구(1943년 4월)였습니다. 종로구는 종로가, 중구는 청계천 남쪽이 중심인 지역입니다. 조선시대 한성부에서는 청계천이 중부와 남부의 경계이지만, 지금은 청계천 북쪽이 종로구, 남쪽이 중구입니다. 옛 도성 안은 종로구와 중구로 나누어집니다. 나머지는 모두 옛 성 밖의 지역입니다.

학생들에게 2010년 현재 서울특별시의 25개구를 지도에 표시해보라고 하면, 강서구가 한강 북쪽에 있거나 양천구가 동쪽에 있기도 합니다. 구의 위치는 서울의 유래와 형성과정을 보면 쉽게 알 수 있습니다. 서점에서도 쉽게 살 수 있는 1:4만 축척 지도 한 장에 서울이 다 들어갑니다.

구의 위치와 마찬가지로, 구의 이름도 그 지역의 대표적인 장소를 따짓거나 역사적 유래에서 나온 경우가 많습니다. 산 이름에서 따온 구 이름은 관악구와 도봉구입니다. 관악구는 다들 아는 것처럼 관악산에서 따온 이름입니다. 관악산은 한강 남쪽에서 가장 큰 산입니다. 도봉구는 도봉산에서 나왔습니다.

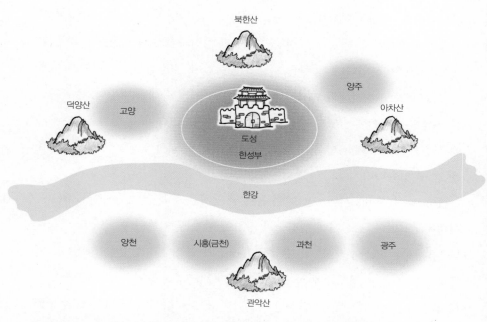

북한산

덕양산　고양

양주

아차산

도성
한성부

한강

양천　시흥(금천)　과천　광주

관악산

조선시대 한성부 주변 군현이었던 고양, 양주, 한강 남쪽의 양천, 시흥(금천), 과천, 광주 땅이 서울시에 편입되었다.

도봉산도 북한산 국립공원에 속합니다. 북한산과 연결되는 서울의 북쪽 끝이 도봉산입니다.

다음으로 강을 기준으로 구 명칭을 붙인 경우입니다. 한강을 기준으로 동서남북東西南北을 붙였습니다. 그래서 나온 이름이 강동구, 강서구, 강남구, 강북구입니다. 한강이 서울의 주요한 이정표가 됨을 알 수 있습니다.

포구와 나루터 이름이 구 명칭이 된 경우도 있습니다. 동작구, 영등포구, 중랑구, 마포구, 송파구입니다. 동작은 한강 북쪽에서 남쪽을 건너던 나루터

이름입니다. 현재의 한강대교와 동작대교 사이에 있던 나루입니다. 이것이 구 이름이 되었습니다. 영등포는 한강의 밤섬과 여의도를 지나 인천으로 가는 길에 있던 포浦이름입니다. 중랑은 지금의 중랑천에 있던 중랑포中梁浦에서 나왔습니다. 마포구는 서해와 연결되던 포구인 마포에서 유래한 명칭이고, 송파구는 석촌호수 자리에 있었던 송파나루터에서 유래하였습니다. 산과 강, 나루가 옛 사람들의 생활에 영향을 미쳤고, 오늘날에는 주요 지명으로 사용되고 있음을 알 수 있습니다.

옛 한양이 성곽도시였음을 보여주는 구 명칭은 성북구, 성동구, 동대문구, 서대문구입니다. 조선시대 행정구역 명칭이 현재 구 이름이 된 경우도 있습니다. 은평구는 조선후기 성 밖 행정구역 명칭인 연은방과 상평방이 합쳐진 이름입니다. 금천은 정조대에 시흥으로 바뀌기 전까지 사용되던 이름입니다. 옛 이름인 금천현이 금천구로 변경된 예입니다. 구로구는 옛 시흥현에 있던 구로리라는 지명에서 유래하였습니다.

일제강점기의 역사를 담고 있는 구 이름도 있습니다. 바로 중구입니다. 중앙, 중심이라는 의미에서 중中인데, 1943년에 만들어졌습니다. 한양 도성의 중심은 지금의 종로구이지만, 일제강점기 경성부의 중심은 청계천 남쪽 현재의 중구이기에 붙여진 이름입니다.

길과 관련된 이름은 종로구와 노원구입니다. 종로는 동대문과 서대문을 연결하는 도성 안 큰 길이고, 노원구는 동대문과 혜화문에서 동북쪽으로 연결되어 양주, 포천으로 가는 길에 있던 역 이름, 노원역에서 유래하였습니다.

25개구 이름이 서울의 모든 역사를 담고 있지는 못하지만, 서울이 어디에

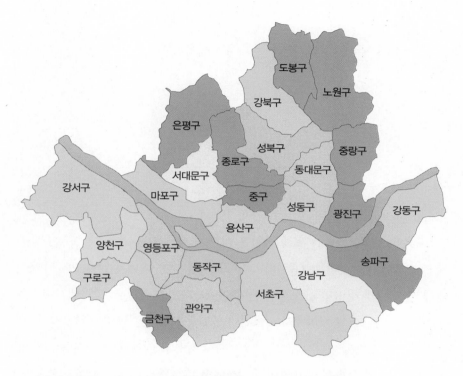

도봉구
노원구
강북구
은평구
성북구
중랑구
서대문구
종로구
동대문구
강서구
마포구
중구
성동구
광진구
강동구
용산구
양천구
영등포구
송파구
구로구
동작구
강남구
금천구
관악구
서초구

2010년 현재 서울특별시는 강북에 14개구, 강남에 11개구로 총 25개구로 행정구역이 나뉜다.

서 유래하였고 어떤 과정을 거쳐 현재의 모습이 되었는지를 보는 데는 구 명
칭과, 언제 이 구가 생겼는지, 서울의 어느 방향에 있는지, 그 구에 어떤 건물
이 있는지를 살펴보는 것이 도움이 됩니다.

2. 길이 열리면 생각도 커진다

2009년 12월에 가족과 함께 유럽을 여행한 적이 있습니다. 아들은 여권을 처음 만들었다고 좋아하였습니다. 저도 해외를 많이 다니지 않아, 우리는 여권에 많은 나라의 출입국 도장을 찍어 자랑하려고 했습니다. 그런데 여러 나라를 다녔지만, 어떤 나라에서도 여권에 출입국 도장을 찍어주지 않았습니다. 심지어 스위스에서 이탈리아로 갈 때는 여권 검사도 하지 않았다니까요. 제가 가지고 있던 기존의 국경 개념이 휴전선에서 파생된 것임을 실감하는 여행이었습니다.

'지금의 남한은 섬이 되었구나' 하는 생각을 다시 하였습니다. 휴전선은 한계로 작용하였습니다. 바다는 열려 있는데 땅이 막혀 있습니다. 조선시대에도 북방으로 통하던 루트가 있었습니다. 강원도 철령鐵嶺을 넘어 동해안을 따라 두만강을 넘어가던 길과 개성, 평양, 의주를 지나 압록강을 건너가던 길입니다. 그런데 이 두 길이 지금은 막혀 있습니다. 중국, 러시아, 유라시아 대륙을 연결하던 길이 막혀, 지금은 좁은 휴전선 남쪽에서만 사는 셈입니다.

이 길을 다시 연결하는 방안이 필요하다고 봅니다. 여행을 할 수 없다면, 한곳에서만 살아야 합니다. 이동이 막히면 정체되기 마련입니다. 숨통이 트이려면 연결이 되어야 합니다. 그래야만 큰 그림을 그릴 수 있습니다. 그리고 바다와 땅이 통하는 '문화 소통로'가 만들어져야 해양문화와 대륙문화의 교차로가 될 수 있습니다. 그래야 중심이 될 수 있습니다. 새로운 문화는 통합을 통해 만들어집니다.

우리나라는 원래 섬나라가 아니었습니다. 고려도, 조선도 섬나라가 아니었습니다. 바다와 땅이 모두 통하는 나라였습니다. 휴전선은 1953년 이후에 생긴 임시 한계입니다. 《대동여지도》를 보아도 길은 연결됩니다. 조선시대 이후 한반도는 한양(서울)을 중심으로 연결된 네트워크였습니다. 중국과도 직접 연결되고 러시아와도 국경을 맞대던 체계였습니다.

그런데 분단이 되면서 남한은 섬이 되었습니다. 북쪽으로 연결된 도로가 끊기면서 개성을 쉽게 갈 수 없게 되었고, 의주에서 압록강을 건너 중국의 북경으로 가는 길이 막혀버렸습니다. 유라시아 대륙으로 연결되던 통로가 막혔습니다. 동해안을 따라 두만강을 넘어 러시아로 가는 길이 끊어졌습니다.

휴전선이 사라진다면 한반도 교통체계와 동아시아 지역체계가 바뀌겠지요. 현재 영동고속도로를 따라가면 강릉이 나옵니다. 7번 국도가 동해안을 따라 형성되어 있습니다. 이 길이 북한으로 연결될 수 있겠지요. 그리고 서울에서 원산으로 이어졌던 옛 철도 경원선이 다시 열리겠지요. 서해안 고속도로도 북한 해안도시를 따라 다시 열릴 수 있겠지요. 비무장지대도 생태관광자원이 될 수 있을 테고요. 서울-개성-평양-의주로 연결되던 경의선도 다시 열리겠지요. 조선시대 사신이 다니던 길은 '걷기여행 코스'가 되어, 문화콘텐츠로 활용될 수 있습니다. 의주, 신의주를 마주보고 있는 압록강 너머의 단동, 발해만, 대련 등을 지금처럼 비행기나 배가 아닌, 육로를 통해 갈 수 있겠지요. 만주지역, 연변, 훈춘, 장춘, 두만강, 백두산, 러시아 블라디보스토크도 육로를 통해 갈 수 있겠지요. 더 멀고, 더 넓은 지역을 육로로 갈 수 있습니다. 통일이 늦게 된다면, 길이라도 먼저 열렸으면 좋겠습니다.

한양에서 전국으로 연결된 길

서울에서 동대문을 지나 동북쪽으로 가면 의정부, 양주, 남양주를 만납니다. 북쪽으로 가면 철원을 지나 38도선을 넘어 북한으로 향하게 됩니다. 서울의 서쪽으로 가면 자유로를 지나 고양, 일산, 비무장지대가 나옵니다. 한강 남쪽 올림픽대로를 지나면 김포, 통진, 강화도와 연결됩니다. 한강을 건너 남태령고개를 지나면 과천, 수원이 됩니다. 한강을 거슬러 동남쪽으로 가면 남한강을 만납니다. 북쪽으로 가면 북한강을 만납니다. 이렇듯 길이 다르면 다른 세계를 만납니다. 출발점이 같더라도 위치와 방향에 따라 서로 다른 세계가 존재합니다.

이제 성 밖으로 나가보려고 합니다. 성문에서 시작하여 성 밖으로 나가야 합니다. 그러려면 먼저 옛 길을 알아야 합니다. 지금 가장 빠른 길은 고속도로입니다. 고속도로의 정확한 명칭은 고속국도高速國道입니다. 국도 중 빠른 길입니다. '나라의 길'이 국도입니다. 지방도로地方道路는 그보다 중요도가 낮은 길입니다. 일제강점기에는 '신작로新作路'라는 길이 있었습니다. '새로 만든

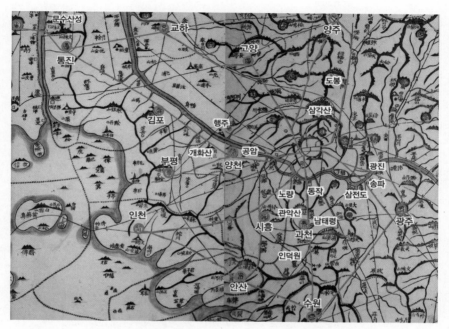

한반도 옛 길은 도성을 중심으로 연결되었다. (대동여지도, 1861년, 서울대 규장각 한국학연구원 소장)

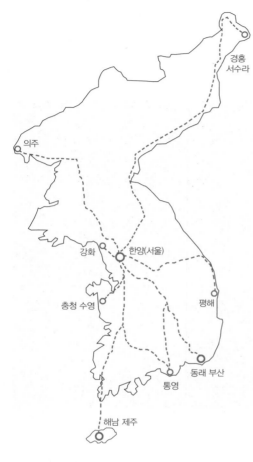

경흥
서수라

의주

강화　　한양(서울)

충청 수영　　　평해

통영　　동래 부산

해남 제주

조선 후기 한양 도성에서 전국으로 연결된 9대로

길'이란 의미이지요.

　그럼, 그 이전에는 어떤 길이 있었을까요? 한양과 전국을 연결하는 길, '대로大路'가 있었습니다. 대로는 말 그대로 큰 길입니다. 조선후기 한양 도성 문과 전국을 연결하는 길이 대로였습니다. 8대로 또는 9대로로 분류되는 길입니다. 흔히 듣던 삼남대로, 영남대로, 호남대로, 관동대로, 의주대로 등이 이 길입니다.

　삼남三南대로는 남쪽의 세 지역인 충청, 전라, 경상도로 연결되는 길입니다. 그 중 하나가 영남대로입니다. 조령(문경새재) 남쪽은 영남嶺南, 즉 경상도를 일컫는 말입니다. 호남湖南은 전라도입니다. 관동關東대로는 대관령大關嶺의 동쪽, 영동지방으로 가는 길입니다. 영동嶺東과 영서嶺西의 기준은 백두대간 대관령입니다. 의주대로는 중국 국경과 맞닿은 의주로 가는 길입니다.

《대동여지도》의 설명문을 보면, 한반도 길의 끝 부분에 해당하는 고을 이름이 적혀 있습니다. 동북지방의 끝은 경흥慶興, 동남의 끝은 기장機張, 서남의 끝은 해남海南, 서쪽의 끝은 통진通津, 서북의 끝은 의주義州로 묘사됩니다.

옛 길을 걷고 싶으면 《대동여지도》에 나오는 길을 걸으면 됩니다. 조선시대 전국도로망은 한양을 중심으로 만들어졌습니다. 도성 문을 나서서 걷다보면 한반도의 끝에 다다르게 됩니다. 서울에서 전국으로 연결되었던 큰 길, 대로는 쓰인 책에 따라 8대로, 9대로, 10대로로 나누어지기도 합니다.

상고上古 때부터 한말에 이르기까지 문물제도를 총망라하여 분류한『증보문헌비고』라는 책에서는 9대로로 나눕니다. 첫 번째 길은 서울에서 의주로 가는 길입니다. 의주는 한반도 서북부에 있는 도시로, 지금은 근처의 신의주가 중국과 맞닿은 국경도시로 더 유명합니다. 중간에 개성과 평양을 거쳐 갑니다. 두 번째 길은 경흥, 서수라까지 가는 길입니다. 경흥과 서수라는 한반도 동북부, 두만강 인근으로 러시아 국경 근처입니다. 2010년에 북한이 중국에 개방하기로 한 나진항(나선직할시, 옛 함경북도)과 가깝습니다. 세 번째 길은 동해안의 평해까지 연결됩니다. 현재는 경상북도 울진군 평해읍이지만, 1914년 이전까지는 평해군이었고 1963년 이전까지는 강원도에 속했던 지역입니다. 강원도에서 가장 남쪽에 위치한 곳이 평해였습니다. 한양에서 양근과 지평(양평)을 지나 대관령을 넘습니다. 강릉에서 동해안을 따라 내려오면 평해에 도착합니다.

네 번째 길은 서울에서 부산(동래, 기장)까지 가는 길이었습니다. 한강을 건너 판교를 지나 용인, 충주, 문경, 대구, 양산을 지나는 길입니다. 다섯 번째 길은 경상도를 지나 서울에서 통영 가는 길입니다. 문경까지는 동래 가는 길과 같고, 문경에서 상주, 성주, 함안, 고성을 지나 통영에 이르는 길입니다. 여섯 번째 길은 충청도와 전라도를 지나 통영으로 연결되는 길입니다. 천안, 공주, 전주, 남원, 진주를 지나 통영에 이릅니다. 일곱 번째 길은 제주 가는 길입니다. 전주 근처의 삼례에서 서남쪽으로 나주, 해남을 거쳐 제주로 연결됩니다. 여덟 번째 길은 평택을 지나 충청 수영가는 길입니다. 충청 수영은 대천해수욕장 근처인 충남 보령시 오천면 지역입니다. 아홉 번째 길은 김포, 통진, 강화로 가는 길입니다.

한양 도성문에서 시작된 길의 최종 목적지를 다시 한 번 보겠습니다. 의주는 압록강변, 즉 한반도 서북부 끝이고, 서수라는 두만강 유역, 즉 한반도 동북부 국경지역입니다. 평해는 강원도 동해안의 최남단에 위치한 지역입니다. 부산은 알고 있을 테고요. 통영統營은 삼도수군통제사三道水軍統制使의 군영軍營이 있던 곳을 줄여 부르는 말입니다. 이순신 장군의 군영이었던 곳이죠. 한산섬, 한산도에 처음 만들어졌습니다. 현재의 통영시는 1995년에 충무시와 통영이 통합되어 만들어진 행정구역입니다. 조선시대 남해안의 군사중심지가 통영입니다. 충청 수영水營은 충청도에 설치된 수군절도사水軍節度使의 군영軍營이었던 곳입니다. 서해안의 군사중심지로 이해하면 됩니다. 제주와 강화는 알고 있을 테고요.

한양에서 한반도의 국경과 해안으로 연결되는 대로에 중심도시가 자리합니다. 개성과 평양은 한양의 남대문(숭례문), 서대문(돈의문), 서소문을 나와 모화관, 구파발을 지나 의주까지 가는 길에 있는 도시입니다. 함경도의 중심도 시였던 함흥과 경성은 서수라로 가는 길에 위치합니다. 홍인문(동대문)을 지나 안암동, 제기동, 수유리를 거쳐 철령고개를 넘어가는 길입니다.

한양 주변의 길

지금까지 성문에서 출발하면 한반도 끝 부분 어느 지역에 도착하는지를 보았습니다. 이번에는 좀 더 세밀하게 도성 주변의 길을 살펴보겠습니다.

다음에 볼 지도는 김정호가 만든 《대동여지도》의 〈경조오부도〉입니다. 성 밖의 길과 주요 경로가 잘 나타나 있는 지도입니다. 《대동여지도》를 여러분이 그냥 보기에 불편할 것 같아, 다시 주요 경로를 그림으로 만들었습니다.

'○○로'라고 붙인 것은 《대동여지도》에서 따온 말입니다. 성 밖을 나가면 어느 고을에 도착한다는 것을 알려주는 이름입니다. 고을의 위치와 한양에서 바라본 방향에 따라 길이 달라짐을 알 수 있습니다.

편의상 동서남북으로 구분하겠습니다. 먼저 동대문 밖입니다. 동대문을 나서는 길은 크게 두 갈래입니다. 동북쪽으로 가는 길과 동남쪽으로 가는 길입니다. 동북쪽으로 가면 경기도의 양주와 포천으로 향하는 양주 포천로입니다. 이 길은 중간에 동소문(혜화문)에서 나오는 길과 만납니다. 제기현(제기동), 노원역(상계동 근처), 수유현(수유리)을 거쳐 가는 길입니다. 동대문에서 제기현을 거쳐 동쪽으로 가면 중랑천의 중량포를 만나고요. 동대문에서 동남쪽으로 가는 길은 광희문(남소문)에서 나오는 길과 연결됩니다. 왕십리를 거쳐 살곶이 다리를 통해 중랑천을 건너, 지금은 사라진 섬인 저자도(현재의 동호대교 근처)

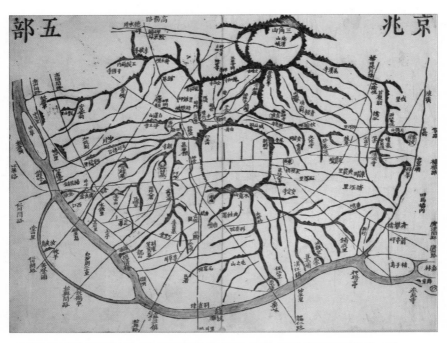

도성 밖 길과 한강나루가 잘 나와 있다. [경조오부도(대동여지도), 1861년, 서울대 규장각한국학연구원 소장]

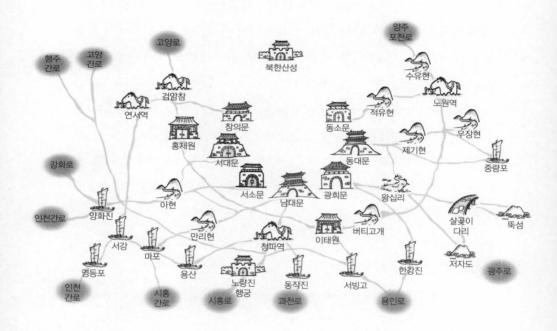

고양로

행주
간로

고양
간로

북한산성

양주
포천로

수유현

검암참

연서역

창의문

노원역

적유현

홍제원

서대문

동소문

우장현

제기현

중량포

강화로

서소문

아현

남대문

광희문

동대문

왕십리

살곶이
다리

뚝섬

인천간로

양화진

만리현

저자도

서강

청파역

이태원

버티고개

광주로

영등포

마포

용산

노량진
행궁

동작진

서빙고

한강진

인천
간로

시흥
간로

시흥로

과천로

용인로

옛 성 밖으로 나가면 어느 고을에 도착하는지, 한양에서 바라본 방향에 따라 길이 어떻게 달라지는지 알 수 있다.

와 뚝섬을 거쳐 광진(광나루)에서 한강을 건넙니다. 이 길이 광주로입니다. 경기도 광주 가는 길입니다.

《대동여지도》에서 광주 가는 길 옆에 등장하는 것이 용인가는 길입니다. 용인은 광주의 서남쪽에 있습니다. 광희문이나 남대문에서 나와 용인을 갑니다. 광희문에서 남쪽으로 가면 한강진(한강진역 근처)에 이릅니다. 이곳에서 한강을 건너 사평리를 지나갑니다. 남대문을 나와서는 이태원을 지나 서빙고 나루를 건너면 용인으로 가는 길입니다.

남대문은 도성의 정문이기에, 이곳을 나오면 남쪽 지방으로 연결됩니다. 남대문을 나와 걷다보면 청파역을 만납니다. 그리고 청파역에서 크게 세 갈래로 나뉘어집니다. 동작진, 노량진, 용산입니다. 동작나루터를 건너면 옛 과천으로 가는 길입니다. 노량진나루터에는 정조가 한강을 건널 때 쉬어가던 곳, 행궁이 나옵니다. 지금의 상도터널 동쪽에 행궁의 모습이 남아 있습니다. 옛 시흥으로 통하던 길입니다. 또 하나는 한강의 용산, 마포로 연결되는 길이 있습니다.

도성의 서남쪽으로 가는 길은 남대문, 서소문, 서대문에서 출발합니다. 남대문이나 서소문에서 나와 만리현(만리재고개)을 넘으면 마포가 나옵니다. 이곳에서 한강을 건너 여의도를 지나면 시흥으로 통하는 길이 나옵니다.

서대문을 나와 밤섬과 여의도를 지나면 영등포가 나옵니다. 이곳을 통해 인천에 갔습니다. 인천으로 가는 또 다른 길은 서대문이나 남대문에서 아현을 지나 양화진을 건너가는 방법입니다. 인천으로 가지 않고 서쪽으로 한강을 따라가면 강화로 가는 길이 됩니다. 양화진을 건너 선유봉(선유도) 옆을 지나면 강화가 됩니다.

한강을 건너지 않고 성산리를 지나 한강을 따라가면 행주로 가는 길입니다. 그 위쪽에는 따로 고양 가는 길이 표시되어 있습니다. 고양을 가는 또 다른 방법으로, 한강을 따라가지 않고 서대문이나 창의문에서 서북쪽으로 가도 됩니다.

2 장

한강 북쪽의 서울, 사대문 밖을 나서자

1. 동대문을 나서다

|옛 지도로 보는 동대문 밖 일대|

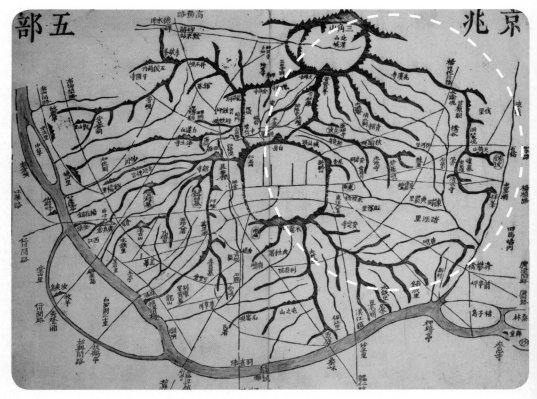

경조오부도(대동여지도), 1861년, 서울대 규장각 한국학연구원 소장.

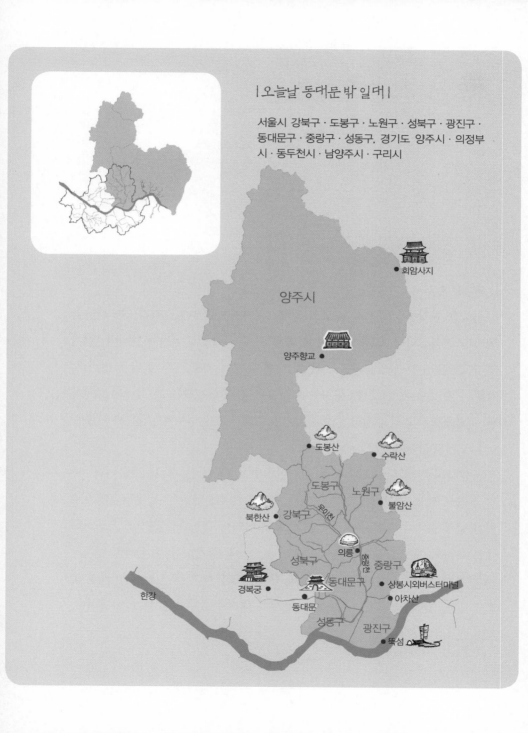

|오늘날 동대문 밖 일대|

서울시 강북구 · 도봉구 · 노원구 · 성북구 · 광진구 ·
동대문구 · 중랑구 · 성동구, 경기도 양주시 · 의정부
시 · 동두천시 · 남양주시 · 구리시

● 회암사지

양주시

양주향교 ●

▲ 도봉산   ▲ 수락산

도봉구   노원구

▲ 불암산

▲ 북한산   강북구   우이천

북한산   불암산

의릉

성북구   의릉   중랑구

경복궁   동대문구   ● 상봉시외버스터미널

한강   동대문   ▲ 아차산

성동구   광진구

● 뚝섬

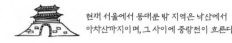
현재 서울에서 동대문 밖 지역은 낙산에서
아차산까지이며, 그 사이에 중랑천이 흐른다.

동대문에 서서

서울은 한강을 기준으로 강남과 강북으로 나누어집니다. 경기도는 서울을 둘러싼 지역입니다. 그래서 서울 북쪽과 서울 남쪽으로 나누어집니다. 현재 경기도청은 수원에 있습니다. 그런데 수원과 경기 북부 지역은 너무 멉니다. 그래서 경기도 제 2청사를 의정부에 두고 있습니다. 경기도는 하나의 도이지만, 서울특별시에 의해 갈라진 모습입니다. 그래서 도를 나누자는 '분도分道' 주장이 나오기도 합니다.

조선시대 한성부는 도성 안과 성저십리였고, 성 밖은 경기도였습니다. 한강 북쪽에 있는 조선시대 양주와 고양 지역도 경기도였습니다. 한국전쟁으로 인한 남북 분단과 휴전선 때문에 경기 북부 지역이 축소되었습니다. 조선시대에는 북한의 개성도 경기도였으니까요. 조선시대 경기도 남부 지역은 행정구역 변화가 심하였습니다. 현재 서울의 강남은 조선시대 경기도 양천, 시흥(금천), 과천, 광주였습니다. 이곳을 서울시에 내어주고, 경기도는 작아집니다.

이처럼 서울의 영향력이 커지면서 신도시가 많이 등장하였고, 이는 조선시대 경기도와 무척 다른 모습을 만들었습니다.

산을 기준으로 보면, 현재 서울에서 동대문 밖 지역은 낙산에서 아차산(용마산)까지입니다. 그 사이를 흐르는 큰 하천이 중랑천입니다. 동대문을 나와 북쪽으로 가면 현재의 동대문구, 성북구, 강북구, 도봉구를 지납니다. 동남쪽으로 가면 성동구를 만납니다. 중랑천을 건너면 광진구, 중랑구, 노원구가 됩니다.

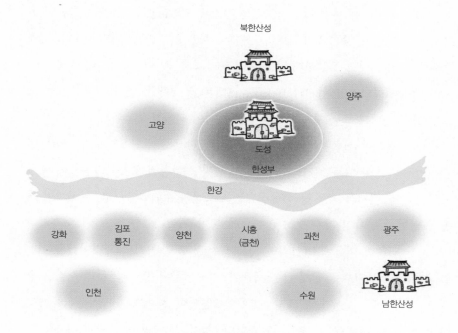

조선시대 한성부는 도성 안과 성저십리였고, 한성부 밖은 경기도였다.

동대문 밖에 있으며 한성부 성저십리에 포함되는 지역은 성동구, 동대문구, 성북구입니다. 지금 서울에 포함되는 중랑천 동쪽은 한성부가 아니었습니다. 경기도였습니다. 중랑천 동쪽의 광진구, 노원구, 중랑구는 경기도 양주에 포함되는 지역이었습니다. 강동구, 송파구, 강남구 대부분 지역은 경기도 광주부에 포함되었습니다. 서초구, 동작구, 관악구, 강남구 일부 지역은 경기도 과천이었습니다. 관악구, 금천구, 영등포구, 구로구, 동작구 일부 지역은 경기도 시흥이었습니다. 양천구와 강서구는 경기도 양천이었습니다.

1914년 이전에는 한성부의 서북쪽은 경기도 고양, 동북쪽은 양주였습니다. 1914년이 되면서 양주 땅에 속했던 현재의 광진구, 노원구, 중랑구는 고양에 포함됩니다. 그리고 조선시대 과천은 시흥에 포함됩니다. 조선시대 한성부 성저십리에 포함되었던 현재의 마포구, 서대문구, 은평구 일부 지역은 경기도 고양 땅이 됩니다. 한성부보다 경성부의 영역이 작아졌습니다.

중랑천 동쪽이 서울시에 편입된 것은 1949년, 남한의 단독정부가 수립되던 1948년 8월 15일 다음 해입니다. 현재의 광진구와 잠실까지도 성동구에 포함되었습니다. 현재의 서울 동북쪽 경계는 도봉산과 수락산입니다. 이곳까지 서울의 영역이 넓어진 것은 5.16 군사쿠데타 이후인 1963년 1월 1일 이후입니다. 한강 남쪽이 서울에 편입되던 시기에 서울 동북쪽 지역도 넓어졌습니다. 일제강점기인 1943년 4월에 처음 서울에 구가 만들어졌을 때, 동대문 밖은 종로구, 동대문구, 성동구에 해당하였지만, 영역이 넓어지고 구가 여러 개로 나누어지면서 현재의 모습이 되었습니다. 성북구는 1949년 8월에, 도봉구는 1973년 7월에, 중랑구와 노원구는 1988년 1월에, 광진구와 강북구는 1995년

3월에 새로 생긴 구입니다.

동대문 주변을 먼저 살펴봅시다. 동대문 성곽은 낙산으로 연결되고, 남쪽에는 청계천이 보입니다. 오간수교(오간수문)를 통해 물이 성 밖으로 나갑니다. 동대문은 종로와 연결됩니다. 좀 더 넓게 보면, 동대문 안쪽에서는 종묘와 창덕궁, 창경궁을 쉽게 찾을 수 있습니다. 동대문 밖에는 동대문구, 좀 더 아래쪽에는 성城의 동東쪽, 성동구가 위치합니다. 성 안은 종로구와 중구입니다. 사실, 도성 안의 핵심 중앙부는 청계천과 종로 인근 지역입니다. 1943년 경성부를 7개구로 나눌 때 중구 명칭은 궁궐이 있는 종로 일대에 붙여지는 것이 마땅했습니다. 그런데 이곳을 종로구라고 이름 붙이고, 옛 남부 지역이 중구라는 명칭을 가지게 되면서 현재까지 이어지고 있습니다.

이상하다는 생각이 들었습니다. '아, 지금 기준으로 생각해서 그렇구나, 처음 구 명칭을 붙인 때가 일제강점기였구나' 라는 사실을 잠깐 잊었습니다. 조선시대 한성부에서는 개천 북쪽, 북촌에 종로가 있고 궁궐이 있으니 중심부였지만, 일본 사람들이 경성에서 터를 잡은 곳은 남촌이었습니다. 을지로, 명동 일대, 남산에서 청계천까지가 일본 사람들의 핵심 공간이었습니다. 그래서 중앙이라는 의미로 중구라고 붙였다는 생각이 듭니다.

지금 서울에서 가장 긴 전철역 이름이 동대문역사문화공원역입니다. 동대문운동장역이 바뀌었습니다. 예전에 저도 동대문운동장에서 고교야구를 본 적이 있습니다. 지금은 운동장이 사라지고 새로 공원이 들어섰습니다. 철거하면서 야간 조명시설은 남겨놓아 이곳이 운동장이었음을 알려줍니다. 야구장과 축구장이 있었던 이곳은 2009년에 동대문역사문화공원으로 바뀌었습니

청계천의 물은 오간수문을 통해 도성 밖으로 흘러나간다.

다. 최근까지 동대문운동장으로 불렀지만, 1926년에 흥인문(동대문)과 광희문 사이에 있는 성곽을 없애고 운동장을 건설할 때는 경성운동장, 해방 이후부터 1985년까지는 서울운동장, 그 이후로는 동대문운동장으로 불렸습니다.

동대문 근처는 도성 안의 물이 도성 밖으로 나가는 통로였습니다. 지금 동대문역사문화공원에 가면, 복원해 놓은 옛 성곽과 그 아래에 있는 두 개의 아치형 문을 만날 수 있습니다. 이것이 바로 이간수문二間水門입니다. 이간二間, 두 칸으로 만들어진, 수문水門, 물이 나가는 문입니다. 오늘날, 도성 안 개천(청계천)의 물은 새로 만든 오간수교(오간수문)를 통해 성 밖으로 나가는데, 그 아래에 또 다른 수문이 있었습니다. 동대문에 옹성甕城이 있는 것은 이곳이 상대적으로 낮은 지역이기 때문입니다.

성곽은 어떻게 파괴되었는가

동대문은 지금도 남아 있지만, 주변 성벽은 남아 있지 않습니다. 성벽이 있다면 성문을 통해서만 안과 밖이 연결되겠지요? 지금 성곽을 복원하고 수문도 새로 만들었습니다만, 조선시대 성곽은 일제강점기 전후로 계속 파괴되어 왔습니다. 주로 파괴된 지역은 상대적으로 낮은 지역, 주요 교통로였습니다.

성곽의 해체 과정은 서울시사편찬위원회에서 편저한 『서울육백년사』 제3권에 자세히 나옵니다. 그 과정을 간단하게 살펴보겠습니다.

광무 3년(1899) 5월, 서대문과 청량리 사이에 전차가 개통됩니다. 이때 동대문과 서대문 부근의 성곽 일부가 철거됩니다. 이 노선은 서대문에서 종로를 지나 동대문으로 연결되는 경로입니다. 옛 도성 안 중심부인 '서대문-종각-동대문-청량리'가 최초의 전차 노선입니다.

이어서 광무 4년(1900)에 종로와 용산을 잇는 전차 궤도가 부설되면서, 남대문 부근의 성곽 일부가 철거됩니다. 남대문 부근의 성곽이 대대적으로 철거된 것은 융희 원년(1907)입니다. 1905년 을사조약 체결 이후에는 사실상 국권을 상실했다고 보이는데, 1907년은 일본 황태자가 한국을 방문한 해입니다. 이때 남대문 북측 성벽을 대대적으로 철거하고 새 도로를 만듭니다. '성벽처리위원회'를 만들어서 조직적으로 성곽을 파괴해 나갑니다. 1908년 3월과 9월에는 남대문 남쪽 성곽, 동대문 북쪽 성곽, 동대문 남쪽 오간수문 근처 성곽, 서소문 부근 성곽을 파괴하였습니다. 지금 남대문, 동대문은 성문만 있고 성곽은 보이지 않습니다. 이때 철거되었습니다.

서소문은 1914년, 서대문은 1915년에 사라집니다. 일본이 식민도시를 만드

는 과정에서 자행한 일입니다. 혜화문(등소문)은 1939년에 없어집니다.

도성의 성곽이 사라지면서 성문을 여닫는 것이 의미가 없어졌습니다. 따라서 인정人定과 파루罷漏제도도 서대문과 청량리 사이에 전차가 개통됐던 1899년에 함께 사라졌습니다. 인정과 파루는 매일 밤 28번의 종을 쳐서 성문을 닫았다가, 새벽에 다시 열었던 조선시대 야간통행금지제도입니다.

근대적 도시로 전환하는 과정에서 성곽이 교통에 방해가 된다는 명분이 있었지만, 도성

파괴된 흥인문(동대문)의 옹성(위)과 1941년 전차와 서대문(아래)의 모습을 담은 사진 (『사진으로 보는 서울2』, 서울시사편찬위원회, 2005년)

의 성城은 상징적 존재이기도 합니다. 성곽城郭이 파괴되면 더 이상 도성都城이 아닙니다. 도성은 잘 보존되어야 할 공간이었습니다. 성곽 복원사업은 1975년에 시작되었습니다. 1975년에 광희문, 1976년에 숙정문, 1994년에 혜화문이 새로 만들어져 현재의 모습이 되었습니다.

예나 지금이나 성문은 교통의 중심지

광희문과 동대문 밖은 도성과 가까운 곳이기에, 교통의 중심지 역할을 하였습니다. 지금도 동대문역은 전철 1호선과 4호선이 만나는 지점이고, 광희문 앞 동대문역사문화공원역(옛 동대문운동장역)은 전철 2호선과 4호선, 5호선이 교차합니다.

동대문과 광희문 동쪽 지역은 철도 교통에 있어서도 중심지 역할을 하였습니다. 동대문에서 청량리, 의정부까지 연결되는 전철 1호선의 전신은 노량진

경원선은 청계천의 신답철교를 지나 달렸다.

에서 인천으로 연결되는 경인선입니다. 1899년에 노량진에서 제물포를 연결하는 철도가 만들어졌습니다. 한강 이북으로는 1900년에 한강철교가 만들어지면서 연결되었습니다. 예전의 서울역은 현재 이화여고 인근에 있는 서대문 밖 의주로 공원 근처에 있었습니다. 인천-노량진-용산-종로-동대문-청량리로 연결되는 노선이 전철 1호선의 중심축이었습니다.

청계천 위를 지나는 철도도 있습니다. 성동구 마장동 축산물시장 옆 청계천 위를 달리는 신답철교입니다. 이곳을 지나는 철도가 경원선입니다. 서울에서 북한의 원산을 잇는 철도입니다. 지금은 휴전선 때문에 막혀 있지만, 북한의 원산을 지나 동해안으로 계속 연결된다면 러시아 블라디보스토크까지 갈 수 있습니다. 용산에서 서빙고동, 보광동, 한남동, 옥수동, 응봉동을 거쳐 갑니다. 응봉동에서 북쪽으로 왕십리를 지나 청계천을 건너 청량리로 연결됩니다. 1914년에 경원선 철도 개통식이 있었고, 한강을 따라 자연제방 위로 경로가 만들어졌습니다.

일제강점기에 만들어진 또 다른 노선은 동대문에서 뚝섬, 광나루로 연결되는 궤도철도입니다. 1930년부터 1961년까지 운행하던 노선인데, 경성궤도주식회사에서 만들었습니다. 지금도 뚝섬에 한강시민공원이 만들어져 있습니다만, 일제강점기에도 이곳이 유원지 역할을 하였습니다. 도성 안에서 이 궤도전차를 타고 뚝섬에 놀러 다녔습니다.

조선시대 한양 중심부를 북쪽과 남쪽으로 나누는 경계는 종로입니다. 동대문과 서대문을 연결하는 길이 종로입니다. 동대문에서 동쪽으로 가는 길은 동묘를 지나 선농단, 청량사를 지나 중량포로 이어집니다. 동묘를 지나 제기현을 지나는 길은 북쪽으로 양주 포천로가 이어집니다. 동대문에서 숭인동에 있는 동묘, 안암동의 보제원, 제기동, 수유리, 누원을 지나는 길이 함경도의 경흥, 서수라에 연결되는 길입니다. 이 길의 중간에 있는 고개가 철령입니다. 철령은 조선시대 강원도와 함경도의 경계가 되었습니다.

해안을 따라 북으로 가면 원산과 함흥이 나옵니다. 함흥은 이성계 집안 근거지가 되었던 곳입니다. 함흥을 지나면 물장수 이야기로 알려진 북청이 나오고, 길주, 명천을 지나 경성이 나옵니다. 함경도는 함흥과 경성을 합한 말입니다. 두만강 유역인 회령, 종성, 온성을 지나 경흥, 서수라에 도달하는 길이, 조선시대 한양에서 동해안을 따라 국경으로 연결된 길입니다. 옛 경원선 철도 경로와 유사합니다. 남북 간의 단절이 끝난다면, 이 길이 다시 살아날 것이라고 생각됩니다. 동대문이 한반도 동북쪽과 연결되므로, 옛 여진족의 사신은 이 길을 통해 들어왔습니다. 그래서 동대문 안쪽에는 여진족의 사신이 머물던 북평관이 있었습니다.

동해안 강릉으로 연결되는 관동대로의 시작도 동대문입니다. 숭인동의 동묘에서 보제원, 제기동, 중랑교를 지나면 망우리가 나옵니다. 망우리에서 양근과 지평(양평)을 지나 원주, 진부역참, 대관령을 지나면 강릉입니다. 강릉에서 남쪽으로, 동해안을 따라 삼척, 울진, 월송을 지나면 평해에 도달합니다.

도성의 동북쪽, 옛 양주 땅을 가다

앞에서 말씀드린 대로, 한성부의 동북쪽은 조선시대 양주였습니다. 지금과 다른 옛 모습을 찾아보기 위해 지도를 한 장 같이 보았으면 합니다.

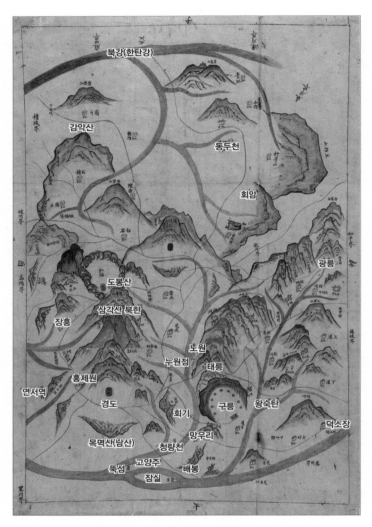

북강(한탄강)

감악산

동두천

회암

광릉

도봉산

삼각산 북한

장흥

노원

누원점

태릉

홍제원

연서역

경도

회기

구릉

왕숙탄

덕소장

목멱산(남산)

청량천

망우리

뚝섬

고양주

잠실

배봉

양주 지도(조선후기 지방 지도), 1872년, 서울대 규장각 한국학연구원 소장

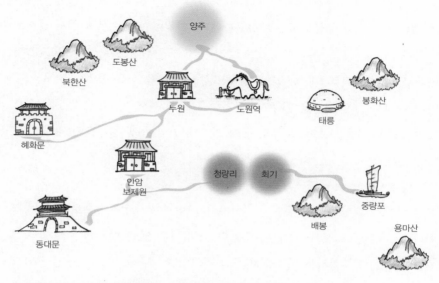

동대문에서 동쪽으로 가면 중랑포로 이어지고, 북쪽으로 가면 양주 포천로가 이어진다.

이 지도는 1872년에 제작된 《조선후기 지방 지도》 중에서 〈양주 지도〉입니다. 남쪽에 보이는 강은 한강입니다. 양주는 뚝섬과 잠실까지 포함합니다. 한강 가운데에 보이는 섬이 잠실입니다. 지금은 송파구에 포함된 육지이지만, 이 지도에서는 섬으로 등장합니다. 잠실을 둘러싼 한강의 주 흐름이 섬의 북쪽으로 바뀌었기 때문에, 아랫부분은 지금 석촌호수로 남아 있습니다. 옛 한강은 잠실 남쪽으로 흘렀기 때문에 잠실은 남쪽보다는 북쪽에 가까운 섬이었습니다. 북쪽에서 내려와 지도 가운데 부분을 지나 한강으로 들어가는 하천은 중랑천입니다. 이 지도에서는 청량천淸凉川으로 적혀 있고, 한강에 유입되는 부

분에 독纛, 뚝섬이 표시되어 있습니다. 뚝섬과 잠실 옆에 표시된 고양주古楊州
는 고려시대 양주 중심부를 표시하였습니다. 한양이 도읍으로 되면서 양주도
바뀌었습니다. 지도 북쪽에 북강으로 적힌 강은 한탄강으로, 서쪽으로 흘러
임진강으로 들어갑니다. 한탄강 남쪽, 연천군 전곡읍 남쪽 지역이 전부 양주
땅에 해당합니다. 지금은 양주시, 남양주시, 의정부시, 구리시, 동두천시 등
으로 분리되었지만, 모두 도성의 동북 방향에 인접한 옛 경기도의 양주 땅이
었습니다.

남양주시는 1980년에 양주군에서 남양주군으로 분리된 지역이고, 의정부
시는 1938년에 양주군 양주면이 되었다가 1942년에 의정부읍으로 바뀐 지역
입니다. 1980년에 시로 승격되었습니다. 구리시는 해방 당시 양주군 구리면
지역이었고, 동두천시는 양주군 이담면 지역이었습니다. 그래서 행정구역 통
합논의가 있었습니다. 고양과 파주는 서쪽 경계가 되었습니다. 지도 왼쪽을
보면 도성인 경도京都가 표시되었고, 그 뒤쪽으로 삼각산(북한), 도봉산, 감악
산이 보입니다. 도성 서북쪽의 장흥에서 연서역, 홍제원을 거쳐 도성으로 들
어오는 길이 보입니다.

도성에서 동북 방향으로 연결된 길을 살펴봅시다. 도성 밖 중랑천 서쪽 지
역은 현재 서울시의 성북구, 강북구, 도봉구에 해당합니다. 성북구는 성城의
북北쪽이란 뜻이고, 도봉구는 도봉산에서 그 이름을 따왔습니다. 중랑천 동쪽
지역은 현재 노원구, 중랑구, 광진구입니다. 중랑천 옆에 먼저 눈에 띄는 것
이 노원蘆原과 누원점樓院店입니다. 노원은 역驛이었고, 누원(다락원)은 원院이었
습니다. 도성에서 한반도 동북부 지역으로 연결되는 길에 있던 역이 노원이었

고, 여행자들의 편의를 제공하였던 원이 누원이었습니다. 원院은 사람들이 많이 모이는 집결지 역할을 하였으니, 자연스럽게 상업기능도 가지게 되었습니다. 그래서 점店은 가게와 여관 기능을 겸하게 됩니다. 한양 동북부 방향의 중요한 교통 중심지가 누원과 노원입니다. 중랑천 동쪽의 노원구는 노원역에서 그 명칭이 유래하였습니다. 누원을 거쳐 북쪽으로 난 도로를 따라가다 보면 읍치邑治가 보입니다. 옛 양주의 중심부, 현재의 양주시 유양동입니다. 일제강점기 이후 양주 중심부는 의정부읍 의정부리로 바뀌었습니다. 조선시대 양주 중심부에서 좀 더 북쪽으로 가면 동두천장東豆川場이 보입니다. 동두천시는 이것 때문에 생긴 지명입니다.

지도를 보니 우리에게 익숙한 지명이 여럿 등장합니다. 청량천 근처가 청량리가 될 테고요. 그 서쪽으로는 회기가 보이고, 그 동쪽으로는 망우리가 표시되었네요. 망우리 근처에는 아차산 봉대烽臺가 그려져 있네요. 이곳으로 한반도 동북부 지역의 군사정보가 모아져 목멱산(남산) 봉수대로 전해집니다. 배봉은 현재 서울시립대학교가 자리한 곳입니다.

동대문구

이제 성 밖으로 나가 봅시다. 먼저 동대문구부터 살펴보겠습니다. 동대문을 나서면 동대문구를 만날 것 같지만, 그렇지 않습니다. 동대문구는 1943년 4월 경성부에서 구區제를 실시하면서 처음 만들어졌습니다. 종로구가 1975년에 창신동, 숭인동 등 동대문 밖 일부 지역까지 포함했기에, 동대문과 동대문역과 동묘역은 동대문구가 아니라 종로구에 포함됩니다. 현재 동대문구 관할

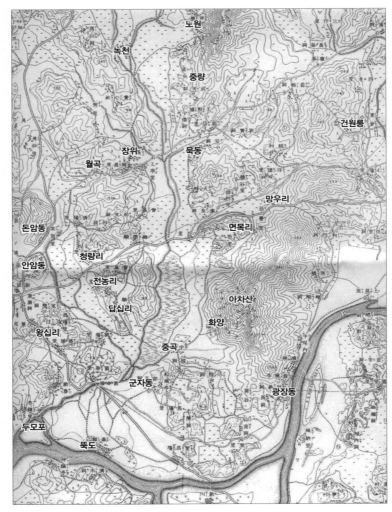

1895년 측정한 동대문 밖 일대 (1911년 발행지도, 고려대 지리교육과 남영우 교수 제공)

이 아닙니다만, 동대문이 서울 동쪽의 상징경관임은 분명합니다. 동대문구는 1949년 8월에 고양군 숭인면과 뚝도면을, 1963년 1월에는 양주군 구리면 일부를 관할구역으로 편입시켰습니다. 1988년 1월에 동대문구에서 중랑구가 분리됩니다.

국립산림과학원 안에 홍릉수목원이 있다.

동대문구는 중랑천의 서쪽에 해당합니다. 그래서 장안동, 답십리, 전농동, 제기동 등 농업 관련 지명이 많이 등장합니다. 장안벌, 장안평坪은 중랑천 가의 농업지대였습니다. 성동구, 광진구, 동대문구에 걸쳐 목장이 있었습니다. 답십리는 말 그대로 '논 답畓'을 사용하는 동네입니다. 전농典農은 조선시대 왕이 농사 시범을 보이던 곳입니다. 제기祭基는 제사 지내던 터, 제터입니다. 관악산 아래로 옮겨오기 전, 서울대 사범대학이 있었던 곳이 농사를 창시한 신농씨와 후직씨에게 제사 지냈던 선농단이 있던 곳입니다.

도성 안에는 사찰과 무덤이 들어설 수 없었지만, 성 밖인 현재의 동대문구에는 그것이 가능했습니다. 《대동여지도》에 '청량사'라는 사찰이 등장합니다. 청량리에 지금 홍릉근린공원, 홍릉초등학교 등이 있는데, 홍릉은 명성황후의 능이 있었던 곳입니다. 청량리 옆 회기동은 회묘가 있던 곳입니다. 연산군의 생모 윤 씨의 무덤이 회묘인데, 그 터란 뜻입니다. 서울시립대 옆의 배봉산이란 지명은 배봉拜峰, 절을 하는 봉우리라는 말에서 유래하였습니다. 수원 화성으로 이장하기 전 사도세자의 무덤이 있던 곳입니다. 정조가 이 묘소를 향해 절을 했다는 데서 유래한 것으로 알려져 있습니다. 사도세자의 무덤(영우원)과 함께 정조의 후궁, 순조의 생모인 수빈 박 씨의 무덤인 휘경원이 있던 곳입니다. 휘경원 때문에 휘경동이란 동명이 생겼습니다.

중랑구

동대문구에서 중랑천을 건너면 현재의 중랑구입니다. 조선시대 한성부 동쪽 경계지점이 중랑천이었습니다. 《대동여지도》에는 중랑포中梁浦가 등장합니다. 중랑구는 중랑천, 중랑포에서 구 명칭을 따왔습니다. 중랑천 동쪽은 조선

중랑천 동쪽은 조선시대 양주 땅이었고, 1949년 서울에 편입되었다.

시대 양주 땅이었고, 1914년 행정구역 통폐합이 이루어지면서 경기도 고양군에 포함된 지역입니다. 1949년 서울특별시가 확장될 때 서울로 편입되기 시작하였습니다. 면목동은 고양군 뚝도면 면목리에서 서울로 편입됩니다. 1963년에는 양주군 구리

면 상봉리, 중화리, 묵리, 망우리, 신내리 등이 서울시에 편입됩니다. 중랑구는 1988년 1월에 동대문구에서 분리되어, 새롭게 만들어졌습니다.

중랑구는 중랑천 동쪽에서 용마산까지의 범위입니다. 중랑천은 서쪽의 북한산과 동쪽의 수락산, 용마산, 아차산 사이를 흐르는 하천입니다. 지금은 아파트단지가 많이 들어섰지만, 1960년대만 해도 중랑천 주변에 논밭이 많았고, 작은 마을이 옹기종기 들어선 모습이었습니다. 중랑구의 상징인 배꽃은 이곳이 농업지대였음을 보여줍니다. 면목동은 말을 기른 데서 유래한 이름이고요. 전철 6호선 봉화산역은 이곳에 봉수대가 있었음을 알려줍니다. 한양과 서울의 외곽지역이었으니, 버스터미널이 들어선 지역입니다. 서울 동쪽의 시외버스터미널은 동마장버스터미널이었습니다. 서울이 확장되면서 버스터미널은 좀 더 외곽으로 이동합니다. 그래서 1981년에 동마장버스터미널 기능을 동서울터미널과 상봉터미널로 분리하는 계획을 세웁니다. 상봉터미널은 1985년에 문을 열었습니다. 2010년 현재 이곳의 시외버스는 속초, 강릉, 원주, 춘천, 화천 등 주로 강원도 지역을 향합니다. 망우리의 어원은 조선 태조 이성계가 현재의 동구릉 안에 있는 자신의 무덤 터인 건원릉 터를 정하고 나서, 돌아오는 길에 망우리고개에서 '이제 근심을 잊는다'라고 말한 데서 유래한다고 전해집니다. 1933년부터 공동묘지가 들어섰습니다. 시외버스터미널과 공동묘지는 모두 외곽 지역임을 상징적으로 보여주는 경관입니다.

북악산과 북한산 그리고 도봉산

서울의 성북구, 강북구, 도봉구는 옛 도성 밖 지역입니다. 현재의 경기도 양주시, 의정부시와 접하는 지역입니다. 북한산과 도봉산의 남쪽에 해당하는 지역입니다.

1751년 실학자 이중환이 저술한 지리서 『택리지擇里志』를 보면 "함경도 안변부 철령에서 뻗어온 한 산맥이 남쪽으로 5∼6백리를 달리다가 양주에 이르러서야 산이 되었고, 다시 동쪽으로 비스듬히 돌면서 갑자기 솟아 도봉산의 만장봉이 되었다. 여기서 동남쪽으로 가면서 조금 끊어지는 듯하다가 다시 우뚝 솟아 삼각산 백운대가 되고, 여기서 다시 남쪽으로 내려가다가 만경대가 되었다. 여기서 한 줄기는 서남쪽으로 가고, 또 한 줄기는 남쪽으로 가서 백악산이 되었다. 풍수 보는 사람은 '하늘을 두드리는 목성木星의 형국으로, 바로 궁성의 주산主山'이라고 한다"는 구절이 나옵니다. 도봉산-삼각산(북한산)-백악산(북악)으로 연결되는 옛 도성의 주맥을 잘 나타내줍니다. 경기도 양주시와 서울시 도봉구와 강북구의 경계선, 서울시 종로구와 성북구의 경계선이 옛 한양 도성 주맥으로 생각하면 되겠습니다. 도성 주맥은 물길을 나누는 분수계가 됩니다. 곳곳에 계곡이 있고 하천이 있습니다. 주맥의 동쪽 물은 모두 중랑천으로 유입됩니다.

북악산 뒤쪽 북한산과 도봉산은 서울 속 국립공원입니다. 조선의 산맥체계를 도표로 정리한 『산경표山經表』에서는, 백두대간에서 내려온 맥이 갈라져 한강 북쪽으로 연결되는 맥을 '한북정맥'이라 부릅니다. 한북정맥의 끝자락이 도봉산, 북한산으로 연결되어 한양 뒤에 버티고 있습니다. 그래서 이곳에 오르면 서울과 경기도 일대를 조망할 수 있습니다. 2010년에 국립공원 관리공단에서 둘레길을 조성하는 사업을 시작하였습니다.

도봉산 북한산의 인수봉 · 백운봉 · 노적봉 백악산 등이 서울 뒤에 버티고 있다(도성도, 1788년경, 서울대 규장각 한국학연구원 소장)

지도 한 장을 더 보겠습니다. 이 지도는 1788년경에 만든 〈도성도〉입니다. 이 지도를 보면 남북이 뒤바뀌어 있습니다. 왜 남북을 뒤집어 놓았을까요? 지도는 보는 사람의 관점에 따라 다르게 그려질 수 있습니다. 이 지도에서 북쪽이 아래로, 남산이 위로 그려진 것은 왕이 내려다 본 도성이라는 게 일반적인 설명입니다. 궁궐 뒤로 보이는 여러 산이 도성을 든든하게 받치고 있는 느낌을 줍니다. 왼쪽 아래에 도봉산이 멋있게 그려졌고, 그 옆으로 인수봉, 백운봉, 노적봉이 창덕궁과 경복궁을 호위하고 있습니다. 진경 산수화풍의 영향을

청와대 뒤로 북악산이 보이고, 그 뒤로 북한산이 보인다.

받은 지도라, 있는 그대로 그리지 않고 옛 사람들의 마음 속 도성을 멋있게 그렸습니다. 옛 지도는 현대 지형도가 아닙니다. 이 지도를 통해 자연과 인간이 조화로운 도시 서울을 느낄 수 있다고 생각하여 보여드립니다.

가끔 북악산과 북한산을 구분 못하는 분들이 있는데요. 북악(백악)은 경복궁과 청와대 뒷산이고, 북한산은 북한산성이 있는 곳, 옛 도성에서 한참 떨어진 곳입니다. 북한산성과 대비되는 곳이 남한산성입니다. 한강 남쪽에 있는 산성이 남한산성이고, 이것과 대비되는 한강 북쪽의 산성이 북한산성입니다. 조선 초기 한양을 도성으로 삼을 때는 없었던 산성입니다. 조선초기에는 4대문을 연결하는 도성 밖에 없었습니다. 병자호란 후 숙종대에 정비한 산성이 북한산성입니다. 도성의 인왕산과 북한산의 비봉을 연결하는 서성(탕춘대성)도 조선후기에 만든 산성입니다.

동대문을 나선 길도, 서대문을 나선 길도 북쪽으로 가면 북한산 언저리를 만나게 됩니다. 도성 기준점인 북악 뒤에 있는 산이 북한산이기 때문입니다. 북한산에서 북악으로 산줄기가 연결되어 있고, 이 산줄기 양 옆으로 길이 나 있습니다. 그래서 북한산은 동쪽의 강북구, 도봉구에서 올라갈 수도 있고 서쪽의 종로구, 은평구에서 올라갈 수도 있습니다. 도봉구의 창동과 종로구의

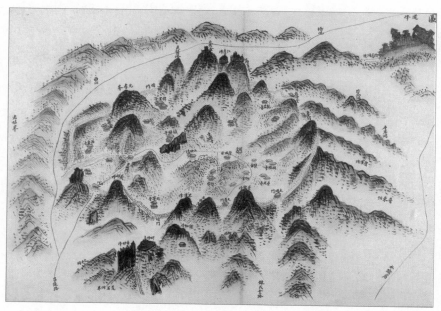

북한산성의 행궁, 관아와 군사시설을 알 수 있다. [북한성도(동국여도), 19세기 전반, 서울대 규장각 한국학연구원 소장]

평창동에서 창倉은 북한산성과 관련 있는 창고입니다. 북한산성을 쌓을 때 사용된 창고 즉, 북한산성을 방어하는 총융청의 창고가 북한산 양쪽에 있습니다. 북쪽의 양주시와 의정부시는 북한산을 지나면 만나는 경기도 지역입니다. 도성 뒤쪽에 버티고 서 있는 진산鎭山이 삼각산(북한산)이기에 길은 북한산 양쪽으로 있습니다.

옛 북한산성의 모습을 볼 수 있는 지도가 《북한지》의 〈북한도〉와 《동국여지도》의 〈북한성도〉입니다. 〈북한도北漢圖〉, 〈북한성도北漢城圖〉라는 지도 이름은 한강 북쪽의 성城이란 뜻입니다. 한강 남쪽에 있는 산성은 남한산성이지요. 북한산의 여러 봉우리를 연결하여 성을 만든 모습입니다. 사찰과 관아 건물, 군사시설, 행궁行宮이 나타납니다.

지도 오른쪽 위에는 도봉산이 보이고, 왼쪽에 만경대, 인수봉, 백운대가 보입니다. 지도 오른쪽 아래에는 수유점이라는 지명이 보입니다. 현재 수유리 근처입니다. 이곳을 통과하여 옛 양주 땅으로 향합니다. 왼쪽에는 창릉로라고 적혀 있습니다. 도성에서 북쪽으로 향하는 길은 북한산성 왼쪽과 오른쪽을 지납니다. 북한산이 한양 뒤쪽에 진치고 있으니, 이곳을 돌아가야 경기 북부로 향할 수 있습니다.

성북구

동대문구의 서쪽, 성城의 북北쪽이 성북구입니다. 《대동여지도》에도 성북동이 등장합니다. 오늘날 성북동은 부촌의 상징으로 여겨지는데 강북의 대표적인 부촌인 성북동, 평창동, 한남동의 입지를 보면 산과 가까운 곳, 전망이 좋은 곳이라는 공통점이 있습니다. 성북동은 북악산, 북한산, 남산, 저 멀리 한강 남쪽의 관악산까지 잘 보이는 곳입니다. 1943년 경성부에서 처음 구區를 만들 때 성북구는 동대문구에 속하던 곳을 1949년 8월에 분리하였습니다. 이때 고양군 숭인면 일부도 편입시켜 성북구가 생겨납니다.

1968년 1 · 21사태 때 총알 맞은 소나무.

성북동의 삼청각에서 북악산으로 조금만 올라가면 볼 수 있는 성문이 숙정문입니다. 처음 만들 때 이름은 숙청문이었고, 현재 복원된 위치보다 약간 서쪽에 있었습니다. 1504년(연산군 10년)에 현재 위치로 옮겼습니다. 숙정문 근처에서 볼 수 있는 총알 맞은 소나무는 1968년 1 · 21사태(북한 124부대의 김신조 외 30명의 무장공비가 청와대를 습격할 목적으로 침투하여, 우리 군경과 치열한 충격전이 있었음) 때 생겼습니다. 그 이후 군사

혜화문의 다른 이름이 동소문이다.

태조 이성계의 둘째 부인인 신덕왕후 강 씨의 무덤이 있던 곳에 지금은 주한 영국대사관이 자리하고 있다.

청계천의 광통교는 신덕왕후 강 씨 무덤의 석재로 만들었다.

보호구역으로 일반인은 접근 금지되었다가, 2005년에 개방되었습니다. 숙정문은 교통의 통로라기보다는 동서남북에 대문이 있어야 한다는 의례적인 측면에서 설치되었습니다. 주로 닫아두기에 그 역할을 혜화문이 대신합니다. 종로구 혜화동은 혜화문에서 따온 동명입니다. 혜화문의 다른 이름이 동소문입니다. 성북구의 동소문동이 이 때문에 만들어진 이름입니다. 혜화문과 동소문이 같은 이름인 셈인데, 종로구에는 혜화동이, 성북구에는 동소문동이 있습니다.

정릉은 태조 이성계의 둘째 부인인 신덕왕후 강 씨의 무덤입니다. 원래 있던 곳은 도성 안 정동이었습니다. 정릉이 있어서 정동이란 지명이 생겼습니다. 첫째 부인의 아들이었던 태종 이방원이 영국대사관 자리에 있던 것을 성 밖으로 옮겼습니다. 성북구의 정릉동은 정릉이 옮겨와서 생긴 지명입니다. 정동에 있었던 무덤의 석재는 개천(청계천)의 광통교를 만드는 데 사용합니다. 정치적 대립관계에 있었으니까, 태조 이성계가 죽자 모욕을 준 것이라 생각됩니다. 지금 근처에는 정릉유원지가 있고 내부순환도로가 지나는 정릉터널, 북악터널이 있습니다. 두 터널은 모두 한양 도성 주맥 아래를 뚫어 만들었습니다. 도성을 만들 때는 산줄기가 중요하지만, 주맥이 교통의 장애가 됩니다. 그래서 산줄기 아래에 터널을 뚫었습니다.

성북구 돈암동에서 미아리로 넘어가는 고개가 미아리고개입니다. 옛 길은 고개를 통합니다. 이 고개를 넘으면 정릉천을 지나 옛 양주, 현재의 경기도 의정부시로 연결됩니다. 옛 지도에는 호유현胡踰峴, 적유현狄踰峴, 되너미고개(돈암현敦岩峴) 등으로도 표기되었는데요, 이 고개가 병자호란 때 침입한 경로 중 하나입니다. 중국인을 비하해서 '오랑캐, 되놈이 넘어왔다'는 의미로, 되너미고개라 불리기도 했습니다. 한반도 동북쪽에서 도성으로 오는 주요 경로 중 하나였습니다. 한국전쟁 때도 미아리고개에서 전투가 벌어졌습니다. 외곽이었으니까, 일제강점기에는 미아리고개 근처에 공동묘지가 있었다고 합니다.

강북구

현재 성북구의 북쪽이 강북구입니다. 강북구에 석관동이 있고, 전철 6호선 역명이 돌곶이, 석계입니다. 《대동여지도》에는 석관천石串川이 등장합니다. 동대문에서 나와, 석관천 서쪽에서 북쪽으로 연결되는 길이 양주포천으로 향하는 길이 됩니다. 석관동에 있는 왕릉이 의릉懿陵입니다. 장희빈의 아들, 경종의 왕릉입니다. 동대문 밖 곳곳에 왕릉이 있었음을 알 수 있습니다. 북한산 동쪽에 수유동, 우이동이 보입니다. 《대동여지도》에서 수유현水踰峴(무너미고 개)은 혜화문에서 양주로 넘어가는 고개입니다. 수유동과 우이동은 모두 북한산의 계곡물이 내려오는 곳입니다.

강북구 북쪽에 위치한 도봉구는 양주군 노해면이었던 지역인데, 1963년에 성북구에 편입되었다가 1973년에 분리되었습니다. 도봉구는 도봉산에서 따온 명칭입니다. 도봉산과 북한산은 이어지는 산입니다. 도봉산도 북한산국립공원에 포함됩니다. 두 산이 연결되다 보니, 2010년에 새로 개방된 우이령고갯길은 일명 '김신조 루트'라고 불리기도 합니다. 1968년에 이곳을 거쳐 북한 무장공비가 침투했다고 전해져 이렇게 불립니다. 우이령牛耳嶺(소귀고개)은 소귀 모양이라고 해서 붙여진 이름이고, 도봉구 쌍문동과 우이동 사이의 고개입니다. 도봉구 동쪽으로 흐르는 하천은 중랑천이고 북한산에서 발원하여 도봉구를 지나는 하천은 우이천입니다. 아기 공룡 둘리가 우이천을 떠내려와 쌍문동 고길동의 집에 산 것으로 알고 있습니다. 만화적 상상력인데, 작가의 집이 쌍문동이어서 그렇게 설정했다고 합니다.

도봉구 번동樊洞은 옛 지도에서 벌리伐里로 나옵니다. 『택리지』에 보면 "옛날 신라의 중 도선이 쓴『유기留記』에 '왕王 씨의 뒤를 이어 이李 씨가 임금이 되리니, 한양에 도읍하리라'는 기록이 있다. 이 기록 때문에 고려 중엽에 윤관尹瓘을 시켜 백악산 남쪽에 자두(오얏)나무를 심고, 이 나무가 무성하게 자라면 잘라서 그 기운을 눌렀다"는 말이 나옵니다. 자두나무는 이 씨를 상징합니다.

자두나무를 베는 관청인 벌리사伐李司를 두어 이 씨가 일어날 조짐을 사전에 봉쇄하려고 했다는데, 이 벌리가 번동으로 바뀌었다고 합니다.

『택리지』의 다른 부분에서는 무학이 백악산 밑에 도착했는데 "여기서 세 줄기의 산맥이 합쳐서 들野이 된 것을 보고 거기에 궁성 터를 정했는데, 여기가 바로 고려 때 자두나무를 심었던 곳이다"는 기록도 등장합니다. 이곳이 자두나무를 심고 벤 자리인지 아닌지 불분명합니다만, 옛 지도에 등장하는 벌리가 번동으로 바뀐 것은 맞습니다.

도봉구

도봉구를 지나는 전철 노선과 역명을 보면 1호선의 녹천, 창동, 방학, 도봉, 도봉산이 등장합니다. 녹천은 사슴, 방학은 학을 상징합니다. 창동은 북한산성을 축조할 때 창고가 있던 곳에서 유래합니다. 도봉道峰의 도道는 유교가 아니라 도교적 분위기를 풍깁니다. 이 지역은 서울의 경계, 도봉산과 북한산이 인접한 지역입니다. 개발보다는 친환경적인 장소입니다. 지금도 의정부로 연결되는 전철 1호선의 서울 경계 지역에 해당되는데, 예부터 서울 동북 방향과 연결되는 교통로였습니다. 그 결절지 역할을 하던 곳이 누원樓院(다락원)입니다. 역원 기능과 함께 상업 활동을 하는 장소였습니다. 지금 도봉산을 가다보면 다락원 매표소가 있는데, 누원에서 그 이름을 따왔습니다.

노원구

강북구와 도봉구가 중랑천 서쪽이라면, 노원구는 동쪽에 있습니다. 노원구도 양주군 노해면이었습니다. 1963년부터 서울 성북구였고, 1973년에는 도봉구였습니다. 1988년에 도봉구에서 분리된 구입니다. 한양 남쪽의 큰 강이 한강이라 불린데 비해, 중랑천의 북쪽 부분은 한천漢川으로 불렸습니다. 상계동上溪洞, 중계동中溪洞, 하계동下溪洞은 중랑천(한천)을 상중하로 끊어 구간을 나누어 부르는 셈입니다. 월계동月溪洞은 중랑천과 우이천이 만나는 곳인데, 지형이 반달 모양이라 붙인 이름입니다. 노원구의 대단위 아파트단지는 지금 서울 동북부 사교육 중심지이지만, 아파트 건설 당시에는 서울의 외곽에 해당하였습니다. 노원구의 구 명칭은 한반도 동북부로 연결되는 역원이었던 노원역에서 유래합니다. 도성 밖 남쪽의 역이 청파역이었고, 한강 남쪽에 양재역이 있었던 것처럼 노원역이 있었습니다. 현재 전철 7호선 노원역 다음 역명이 마들인데, '말馬'이 있던 '들'이라는 의미입니다. 양재를 말죽거리라고 부른 것과 비슷하다고 생각하면 되겠습니다.

노원을 지나면 경기도 남양주시와 의정부시가 되는데, 예나 지금이나 서울의 외곽지역입니다. 1988년부터 노원구가 된 지역입니다. 노원구에는 육군사관학교, 태릉선수촌 등이 있습니다. 이곳의 행정지명이

태릉은 조선 중종의 두 번째 왕후인 문정왕후의 능이다.

공릉동인데, 공덕리와 능골을 합한 말입니다. 이곳에 있는 태릉은 조선 중종의 두 번째 왕후인 문정왕후의 능이고, 강릉은 명종과 인순왕후의 능입니다. 노원구와 의정부시, 남양주시 경계가 되는 산이 수락산과 불암산입니다.

양주 중심부는 어디인가

이제 옛 양주 중심부를 찾아가 봅시다. 서울에서 경기도 동북부를 가려면 어떻게 해야 합니까? 종로와 동대문을 거쳐 가는 방법이 있고, 외곽도로를 따라 가는 방법이 있습니다. 시내를 거쳐 가면 신호등을 많이 만납니다. 외곽에 놓인 길은 동부간선도로를 이용하는 것입니다. 조선시대 한양에서도 경기 동북부를 가려면 동대문에서 동묘, 제기동을 거쳐 수유고개를 지나면 양주 포천에 이릅니다. 동대문에서 중랑천에 이르는 길은 동묘를 지나 선농단, 청량리, 배봉(서울시립대) 뒤쪽을 거쳐 중랑포에 이릅니다. 중랑천을 따라 난 길이 동부간선도로입니다.

양주의 중심부를 가려면 현재의 도봉구를 지나야 합니다. 북쪽으로 가면서 계속해서 왼쪽에 보이는 산이 도봉산입니다. 도봉구의 끝에 있는 전철역명이 도봉산역이고, 그 다음이 망월사역입니다. 그 중간이 서울시 도봉구와 경기도 의정부시의 경계입니다. 이 길을 가다보면 서울시에서는 '안녕히 가십시오', 경기도에서는 '어서 오십시오'라는 안내판이 나옵니다. 해태를 세워두어 경계 지점임을 알려줍니다. 그 위로는 외곽순환도로가 지나갑니다.

서울에서 경기도를 막 접어드는 지점에는 보통 군부대가 있고, 지형적으로는 고개 마루입니다. 운전을 할 때 액셀러레이터에서 브레이크로 바뀌는 지점

옛 지명인 누원(다락원)이 현재 버스정류장 이름으로 남아 있다.

현재의 중심부인 양주시청에서 서쪽으로 가면, 양주관아지가 나온다.

이 고개입니다. 이 근처에 있던 역원이 누원입니다. 일반적으로 풀어서 다락원이라고 불렸습니다. 지금도 버스정류장 이름이 '다락원 앞'으로 되어 있습니다. 교통의 요지라는 의미이지요. 이곳에 무엇이 있었을까요? 사람이 많이 왔다갔다하는 곳에는 거래가 이루어집니다. 물건을 교환하거나, 사고파는 거지요. 그래서 이곳에 누원점店이 들어섰습니다. 지금은 이곳에 장場이 서지 않지만, 그 이름은 도봉구의 누원초등학교, 누원고등학교 등으로 남아 있습니다. 서울의 동북부 경계에 시장이 있었다면, 동남쪽에도 있었겠지요? 한강 남쪽에 있던 장이 송파장입니다. 송파장 이야기는 한강 남쪽을 다룰 때 다시 하겠습니다.

현재의 양주 중심부는 양주시청입니다. 시청에서 서쪽으로 조금만 가면 양

양주관아의 여러 건물 중 동헌이 복원된 모습이다.

주향교, 양주 별산대놀이전수회관, 양주관아지가 나옵니다. 옛 양주의 중심부였던 곳입니다. 객사, 동헌을 비롯한 여러 관청이 있던 곳이 관아지입니다. 2010년 현재에는 동헌만 복원해 놓았습니다. 양주향교는 특이하게 관아지와 아주 가깝게 붙어 있습니다.

　동헌보다 객사가 더 중요한 건물입니다. 객사客舍는 여관이 아닙니다. 살아 있는 임금의 신위가 모셔져 있습니다. 고려는 지역 호족들이 다스리는 지방연합제, 지방자치제 성격이 강했지만, 조선은 다릅니다. 조선은 임금이 임명한 수령이 그 지역을 임금 대신 다스렸습니다. 그래서 수령의 부임 신고식은 객사에서 열렸습니다. 주변 산세의 주맥은 보통 동헌이 아니라 객사로 연결됩니다. 고전소설 『춘향전』에서 임금에게 권한을 위임받은 암행어사 이몽룡이 지방관인 변사또를 혼냈던 곳이 바로 객사였습니다.

양주 어사대는 정조 임금이 지방 백성들과 활을 쏘던 곳이다.

양주 별산대놀이 전수회관은 관아지 옆에 있다.

2010년 7월에 가본 양주관아지에는 동헌 건물만 덜렁 서 있었지만, 그 옆에 특이한 누각이 하나 있었습니다. 바로 어사대御射臺입니다. 지역 순시를 온 정조 임금이 지방 백성들과 활을 쏘았던 곳입니다. 주민 대표들의 의견을 듣고 친목을 도모하는 자리였습니다. 요즘으로 치면, 지방 유지들과 골프를 치면서 의견을 들었다고 보면 되겠습니다. 양주관아지에 그 기념비를 남겨놓았습니다.

관아지 옆에는 양주 별산대놀이 전수회관이 세워져 있습니다. 관아 바로 옆에서 별산대놀이를 하진 않았겠지만, 양주에 별산대놀이가 중요한 무형문화재임을 알리는 곳입니다. 양주에는 별산대놀이뿐만 아니라 소놀이굿, 상여와 회다지소리, 양주농악 등 여러 놀이 문화 전수회관이 많이 보입니다. 원칙적으로 놀이패는 도성 안에 거주하지 않습니다. 대신 한양과 인접한 곳에 근거지를 두고 있습니다. 그래서 유명한 것이 고양, 양주, 광주의 놀이패입니다.

회암사지를 찾다

양주 중심부를 둘러보았다면, 그 다음에 꼭 가봐야 할 곳이 회암사지입니다. 절 모양을 제대고 갖추고 있는 양주시 회천동의 회암사는 다시 만든 사찰입니다. 원래 회암사는 회암동 산 14-1번지에서 발굴되었습니다. 회암사지에 들어서면 전망대가 있어 한 눈에 내려다 볼 수 있습니다. 양주 관아지와 회암사지는 2010년에도 갔고, 1995년에도 답사한 적이 있습니다. 그때는 흙을 걷어내지 않아, 주요 건물의 위치를 확인하는 것이 쉽지 않았습니다. 지금은 가운데 축이 대웅전으로 연결되는 중심축임을 알 수 있습니다. 복원을 하지 않

회암사지는 발굴된 상태이고, 아직 복원은 이뤄지지 않았다. 부도탑이 남아 있는 모습이다.

고 발굴만 해놓은 상태입니다. 발굴지에서 위쪽 오른편에 오래된 부도탑이 세워져 있고, 왼편 아랫쪽에는 당간지주가 보입니다.

조선시대 인문지리서인『신증동국여지승람新增東國輿地勝覽』에는 "회암사檜巖寺 천보산에 있다. 고려 때 서역西域 중 지공指空이 여기에 와서 말하기를, '산수 형세가 완연히 천축국天竺國 아란타阿蘭陁 절과 같다' 하였다. 그 뒤에 나옹懶翁 이란 중이 절을 세우기 시작하였으나 마치지 못하고 죽었고, 그 제자 각전覺田 등이 공역을 마쳤다. 목은이 기문을 지었다"는 기록이 나옵니다. 나옹선사는 인도 승려 지공의 제자였고, 무학대사는 나옹의 제자였습니다.

사찰은 종교 시설이기도 하지만, 지역의 거점 역할을 하기도 합니다. 특히 불교가 융성했던 신라와 고려시대에는 지역의 중심지였습니다. 그래서 지금처럼 산에 있는 것이 아니라 대로 중심부에 있었습니다. 왕이 순행을 하는 길에 묵어가기도 했고요. 그래서 고려시대 길과 중심지를 이해하려면 절의 위치를 다시 파악해야 합니다. 앞으로 저의 숙제이기도 합니다. 조선 태조 이성계도 새로운 도읍지를 찾는 과정에서 회암사에 머물기도 했습니다.

도성의 동남쪽 가는 길

옛 한양의 동쪽과 동남쪽에 있는 성문이 동대문과 광희문입니다. 광희문은 지금 한양공고(동대문역사문화공원역) 앞에 그 모습을 복원해 놓았습니다. 광희문 밖이 현재 서울의 성동구와 광진구입니다.

동대문과 광희문을 통해 동쪽으로 빠져 나오면 현재의 성동구가 됩니다. 광희문을 나오면 만나는 동네가 왕십리입니다. 왕십리는 옛 지도에 往十里

(왕십리), 王十里(왕십리), 枉尋里(왕심리) 등으로 표시됐습니다. '십리를 가다, 찾다' 등의 의미로 쓰였습니다. 무학대사가 도읍터를 찾아 이곳에 왔는데, 농부가 십리를 더 가야 한다고 알려준 곳으로 전해집니다. 그 영향인지 근처에는 무학대사 관련 설화가 있고, 무학여자고등학교도 있습니다.

동대문과 광희문을 나와 뚝섬으로 향하는 길은 조선시대 주요 교통로에 해당합니다. 옛 길을 보면 동대문과 광희문을 나와 동남쪽으로 가면, 왕십리를 지나 중랑천의 살곶이다리를 건넙니다. 그럼 뚝섬이 나옵니다. 중랑천 동쪽의 뚝섬은 조선시대 지도에는 뚝도纛島로 적혀 있습니다. 뚝섬은 조선시대에도 있었지만, 지금은 새롭게 조성된 인공 섬입니다. 지금 보아도 이곳은 섬이

동대문과 광희문을 나와 동남쪽으로 가면, 살곶이다리를 지나 뚝섬으로 향하는 조선시대 주요 교통로를 만나게 된다.

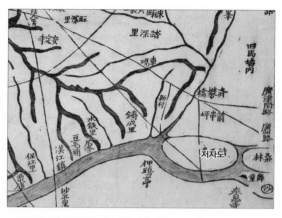

〈경조오부도〉의 동남쪽 부분에서 저자도를 볼 수 있다.

아닙니다. '섬 도島'를 사용합니다만, 섬은 아니었습니다. 그렇지만 뚝섬이라고 부릅니다. 섬이라고 느껴지는 장소입니다. 도성에서 이곳을 가려면 한양대 동쪽 중랑천의 살곶이다리를 건너야 했습니다. 이곳에서 다시 한강 남쪽으로 가려면 배를 타야 했습니다. 그래서 섬이 아니지만 섬처럼 느껴졌습니다. 진짜 섬은 뚝섬 동남쪽에 있는 저자도楮子島라는 곳입니다. 《대동여지도》의 〈경조오부도〉에도 이 섬이 등장합니다. 그러나 오늘날에는 이 섬을 볼 수 없습니다. 강남개발 당시 압구정동을 매립할 때 이 섬을 파서 사용했기 때문입니다.

영동지방과 경기도 광주에서 도성 안으로 들어오려면 성동구 동쪽의 중랑천을 건너야 했습니다. 한양대 동쪽 중랑천 위의 살곶이다리를 건너 도성 안에 들어오기 전에 쉬는 원이 살곶이원, 전관원이었습니다. 현재 전철 2호선 한양대역 앞에 있는 행당중학교가 전관원입니다. 지금은 중랑천 옆에 살곶이 공원이 조성되었습니다.

동쪽으로 한강을 거슬러 가는 길에 경기도 양근과 지평을 지납니다. 양근과 지평이 합해져서 현재의 양평이 되었습니다. 좀 더 동남쪽으로 가면 원주

중랑천에 가면 살곶이다리의 옛 모습을 일부 볼 수 있다.

가 나옵니다. 양평에서 원주로 향하지 않고 동쪽으로 가면 대관령을 지나 영동으로 연결됩니다. 남한강을 따라 간다면 이천이 나옵니다.

성동구와 광진구

뚝섬에서 동남쪽으로 광나루(광진)를 지나면 옛 경기도 광주 땅이 됩니다. 송파진은 현재 롯데월드 옆 석촌호수입니다. 성동구 동쪽 광진구는 광나루에서 따온 명칭입니다. 이 나루를 건너면 경기도 광주 땅이 됩니다. 지금 생각

2003년 새로 개통한 광진교의 모습이다.

오늘날 광진교 아래에는 휴식공간이 조성되어 있다.

으로는 의아하지만, 강남구, 송파구, 강동구는 1963년 1월 1일 이전에는 경기도 광주에 포함된 지역입니다. 광나루를 건너면 바로 경기도 광주 땅이 되는 것이 맞습니다. 옛 광나루 동쪽에 세워진 광진교는 2003년에 새로 개통한 다리입니다. 일제강점기에 처음 만들어졌습니다. 1934년에 공사를 시작해서 1936년에 완공하였습니다. 당시에 한강 북쪽과 남쪽을 연결하는 다리는 현재의 한강대교인 한강인도교뿐이었습니다. 예부터 광나루가 교통상 중요하였음을 보여줍니다.

한성부 성저십리의 동쪽 경계는 중랑천이었습니다. 중랑천 동쪽이 조선시대에는 경기도 양주지역이었고요. 현 광진구 지역이 일제강점기에는 경기도 고양군 뚝도면에 해당합니다. 성동구는 성城의 동東쪽이라는 의미로 이름 붙여진 구입니다. 1943년 4월 1일에 처음 만들어졌습니다. 중랑천 동쪽이 서울에 편입된 것은 남한 단독정부 수립 이후인 1949년입니다. 1949년 뚝도출장소가 설치되면서 서울에 포함되었습니다. 1949년에 동쪽으로는 아차산, 남쪽으로는 잠실까지 서울시에 편입됩니다. 1973년에는 당시 영등포구 잠원동, 서초동, 양재동도 성동구에 포함되었습니다. 1975년 10월에 성동구의 일부가 강남구로 나뉘어집니다. 광진구는 1995년 3월에 성동구에서 분구되었습니다. 현재의 광진구 청사는 옛 성동구의 청사였습니다.

성동구와 광진구는 청계천과 중랑천이 한강으로 유입되는 길목입니다. 그래서 중랑천변은 농사에 유리한 곳이었습니다. 저습지에 해당하므로, 농업과 목축에 유리한 조건을 갖추고 있었습니다. 살곶이벌箭串坪은 조선시대 농업지대였고, 일제강점기에 동양척식주식회사에서 논으로 재정비한 곳이기도 합니다. 성수역에서 갈라져 나온 전철 2호선 지선 명칭이 신답, 용답입니다. 이곳은 주로 논이었기에 답畓이 들어갑니다.

중랑천 동쪽의 뚝섬 일대에 많은 목장이 있었습니다. 옛 문헌에 양주 살곶이 목장이라고 적힌 곳이 현재의 중랑천변 뚝섬 일대입니다. 한양대에서 건국대 사이에 옛 목마장이 있었다고 보면 됩니다. 경마장이 과천으로 옮겨지기 전까지 경마장은 서울숲에 있었습니다.

뚝섬과 아차산은 조선시대 왕의 사냥터

아차산 아래 뚝섬은 남한강, 북한강의 물길이 양수리에서 만나 한양으로 들어오는 길목이 됩니다. 물류의 종착지 기능을 하던 곳입니다. 북한강에서 뗏목을 타면 뚝섬에 내립니다. 그래서 예전에는 뚝섬에 목재상이 많이 있었다고 전해집니다. 옛 물길은 현재와 달라서 건국대 안의 호수인 일감호도 한때 물길이 지나던 장소였습니다. 옛 뚝섬 나루터는 현재의 영동대교 근처, 뚝섬 유원지가 됩니다.

한강을 끼고 있으니 이 일대에는 화양정, 낙천정 등 정자가 많았습니다. 맞은편에 압구정이 있었고, 광진구의 화양동은 화양정華陽亭에서 유래한 명칭입니다. 화양정은 건국대병원 서쪽에 있었던 정자입니다. 세종대왕의 별장이 있었던 이곳은 군사훈련을 관람하기도 했고, 동쪽 지역을 시찰하는 거점 기능도 하였습니다. 단종이 영월로 가기 전 이곳에 들렀고, 명성황후가 임오군란 당시 장호원으로 피신하였다가 돌아오는 길에 쉬던 곳이기도 합니다.

낙천정樂天亭은 광진구 자양동 446번지 현대강변아파트 서쪽에 있었던 정자입니다. 태종이 왕위를 내놓고 거처한 곳으로, 군사사열을 하던 곳이기도 합니다. 낙천이라는 말은 주역에 나오는 '樂天知命故不憂(낙천지명고불우) – 하늘을 즐기고 명을 안다. 그러므로 근심하지 않는다'에서 따왔습니다.

옛 지도에는 두모포(동호, 동호대교) 옆에 호당湖堂이 적혀 있고, 동대문에서 두모포로 가는 길에 독서당고개(독서당현讀書堂峴)라는 지명이 등장합니다. 조선시대 젊고 똑똑한 신하들이 공부를 할 수 있도록 유급휴가를 주는 제도가 있었습니다. 한강이 내려다보이는 경치 좋은 곳에서 배려하도록 하였습니다. 이곳에 독서당이 마련되기 전에는 북한산의 계곡물이 흐르던 곳, 지금의 세검

1950년대 두모포 부근 (『사진으로 보는 서울3』 서울시사편찬위원회, 2005년)

정초등학교에서 공부를 할 수 있도록 하였습니다.

뚝섬과 아차산 일대는 조선시대에 왕의 사냥터 역할도 하였습니다. 도성과 그렇게 멀리 떨어져 있지 않았고 숲과 산이 있으니, 왕이 매사냥하기에 적합했을 듯합니다. 당시 최고의 전통적인 여가는 매사냥이었습니다. 응봉, 매봉 같은 지명은 매사냥과 관련이 있습니다. 이곳은 교외 지역이라서, 오늘날에도 골프장 등이 들어서기도 하였습니다. 세종대 앞의 능동 서울어린이대공원도 골프장이 있었고, 서울숲공원도 골프장이 있었습니다.

『한국땅이름큰사전』에서 지금의 뚝섬 일대를 살펴보다가, 특이한 곳을 발견하였습니다. 용당산이라는 지명입니다. "광나루 강가에 있는 낮은 산. 용제를 지내는 당집인 양진사가 있었음"이라고 설명되어 있었습니다. 양진楊津은 광나루, 광진도廣津渡의 다른 이름입니다. 이곳에서 한강의 용에게 제사를 지냈습니다. 첫 번째 책인 『옛 지도를 들고 서울을 걷다』에서 북문인 숙정문을 설명할 때 기우제 이야기를 한 적이 있습니다. 기우제를 지낼 때 호랑이 머리를 한강에 집어넣는다고 했는데요, 이곳에서 제사를 지냈습니다. 강과 바다가 바로 용이 사는 곳입니다.

한양 동남쪽의 산, 아차산

광진구는 경기도 구리시와 경계가 되는 곳입니다. 수락산, 불암산, 용마산, 아차산이 중랑천 동쪽의 맥을 형성하고 있습니다. 아차산이 동쪽 외사산이 되고 낙산이 내사산이 되는데, 낙산이 낮으니까 아차산을 대신 그 자리에 그려 넣은 지도도 있습니다.

조선시대에는 한반도 동쪽의 정보가 모두 아차산으로 모아져 남산으로 전달되었다.

아차산에 올라가면 경기도까지 가 본 듯한 느낌을 가지게 됩니다. 전망이
좋습니다. 한강도 잘 보이고, 강남도 보이고, 경기도도 보입니다. 전철을 타
고 오지만, 멀리 온 것처럼 느껴집니다. 아차산은 봉수대가 있던 곳입니다.
한반도 동쪽의 정보는 아차산으로, 서쪽의 정보는 무악산(안산)으로 모아져
남산으로 연결됩니다. 동부간선도로, 내부순환도로, 외부순환도로, 강변북로,
올림픽대로, 경기도 지역을 보며, 교통체계를 이해하면서 서울의 확대과정,
부동산 가격 변화도 생각해 볼 수 있습니다.

서울 광진구와 경기도 구리시가 모두 고구려 관련 축제를 벌입니다. 아차

아차산에는 온달 장군이 신라군과 싸우다 죽었다는 이야기가
전해져 내려온다.

산 때문입니다. 아차산에서 고구려 보루가 발굴되었습니다. 저도 박사과정 때 이곳의 발굴 현장에 가본 적이 있었습니다. 그때 배운 건, 주둔군 규모를 우물 크기로 추정한다는 정도였습니다.

아차산성은 처음에는 백제 산성이었습니다. 삼국시대에는 한강 유역을 먼저 차지하는 국가가 한반도의 중심국가가 되었습니다. 그래서 한강을 둘러싼 경쟁이 벌어지게 됩니다. 백제 개로왕이 이곳에서 고구려 군과 싸우다 전사했고, 그 이후에 백제는 웅진(공주)으로 천도합니다. 이후에는 신라와 고구려가 아차산성을 두고 싸우게 됩니다.

고구려 평원왕의 사위가 온달 장군입니다. 그는 '바보 온달과 평강공주' 이야기에 등장하는 인물입니다. 온달이 아차산에서 신라군과 싸우다 죽었다는 이야기가 전해오기도 합니다만, 온달이 죽은 아차산성은 이곳으로 보기도 하고 충청북도 단양군 영춘면의 온달산성으로 보기도 합니다.

한양 주변의 유적지를 찾다보면 삼국시대의 흔적을 발견할 수 있습니다. 북한산의 비봉은 신라 진흥왕 순수비가 있던 곳이고, 세검정초등학교는 신라의 사찰 장의사가 있었던 곳입니다. 한강 남쪽에 있는 몽촌토성(올림픽 공원)과 풍납토성은 백제 유적지입니다. 송파에서는 백제 고분군을 찾을 수 있습니다. 이 부분은 광주 편에서 다시 설명하겠습니다.

2. 서대문을 나서다

| 옛 지도로 보는 서대문 밖 일대 |

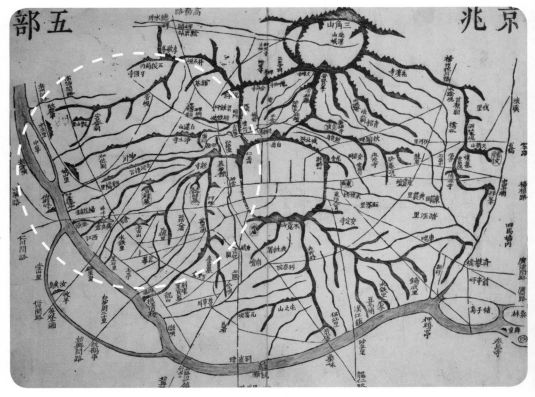

경조오부도(대동여지도), 1861년, 서울대 규장각 한국학연구원 소장

| 오늘날 서대문 밖 일대 |

서울시 은평구 · 종로구 · 서대문구 · 마포구,
경기도 고양시

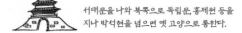

서대문을 나와 북쪽으로 독립문, 홍제원 등을
지나 박석현을 넘으면 옛 고양으로 통한다.

서대문에 서서

동대문 밖을 둘러보았으니 이제 서대문을 나섭시다. 서대문의 아래쪽은 서
소문과 남대문, 위쪽은 창의문이 됩니다. 〈경조오부도〉에서 한양 도성의 서북
방향으로 연결되는 도로는 남대문, 서소문, 서대문, 창의문에서 시작됩니다.
도성을 나와 경기감영 옆, 현재의 서대문 사거리에서 북쪽으로 모화관, 영은
문(독립문), 홍제원, 녹번현, 관기館基(관터)를 지나 박석현(박석고개)을 넘으면
고양으로 연결됩니다.

『택리지』에 보면 "한양 앞쪽은 이미 큰 강이 막혀 있고, 유독 서쪽으로 길
하나가 황해도와 평안도로 통하고 있다. 도성에서 5리를 가면 사현沙峴이요,
그 고개를 넘으면 녹반현綠礬峴이다. 당나라 장수가 이곳을 지나다가 '한 사람
이 관문關門을 지키면 만 명이 덤벼도 열지 못하겠다'고 했다 한다"는 기록이
나옵니다. 이 길이 개성, 평양, 의주를 지나 중국으로 연결되는 길입니다. 지
금은 의주로라 불리고 독립문, 무악재, 홍제, 녹번, 불광, 구파발로 연결되는

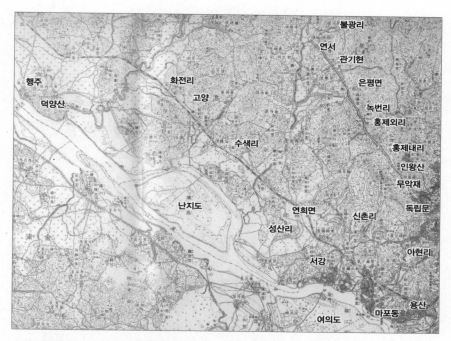

일제강점기 서대문 밖 일대 모습으로, 한양에서 고양 방향으로 이어지는 옛 길과 경의선 철도를 볼 수 있다. (『근세 한국 5만분지1 지형도』, 경인문화사 영인, 1998년)

전철 3호선이 그 밑을 지나갑니다. 현재의 서대문구와 은평구를 지나는 길입니다. 도라산까지 연결되는 경의선 철도도 옛 길과 유사하다고 보면 됩니다.

　서대문구, 은평구와 맞닿은 종로구는 도성 안 청계천 북쪽이 중심이지만, 성 밖 지역인 홍지동, 평창동, 구기동, 부암동도 현재는 종로구에 포함됩니다. 홍지동, 평창동, 구기동, 부암동은 조선시대에는 한성부 북부 지역이었습니다. 1914년에 고양군 은평면이 되었습니다. 부암동은 1943년에, 홍지동은 1946년에, 평창동과 구기동은 1949년에 서대문구에 포함된 지역입니다. 이 네四 동이 종로구에 포함된 것은 1975년입니다. 서대문구는 서대문에서 따온 이름이란 것은 알고 있을 테고요, 1944년 10월에 서대문구에서 마포구가, 1979년에는 은평구가 분리되었습니다.

그래서 성 밖 지역을 보려면 현재의 서대문구, 은평구, 종로구를 함께 보아야 합니다. 은평은 서울의 서북부 경계 지점에 해당합니다. 은평은 조선후기 행정구역 명칭인 연은방의 '은恩'과 상평방의 '평平'이 합해진 단어입니다. 일제강점기인 1914년에 행정구역 통폐합 결과, 경성부는 조선시대 한성부보다 좁은 범위가 됩니다. 은평은 한성부에서 경기도 고양군 은평면이 됩니다. 현재 서대문구에 포함되는 연희면도 고양군 연희면에 포함되었습니다. 고양군 은평면과 연희면은 남한 단독정부 수립 이후인 1949년에 다시 서울시에 포함됩니다. 1949년 8월에는 서대문구에 포함되면서 은평 출장소가 설치되었다가, 1979년 10월에 분리되어 은평구가 되었습니다. 고양군 신도면이었던 구파발과 진관내리, 진관외리가 서울시에 포함된 것은 1975년이고요.

고양으로 가는 길

한성부의 서북쪽에 있던 경기도 군현이 고양입니다. 고양은 고봉현高峯縣과 덕양德陽이 합해진 이름입니다. 신라 경덕왕 때 지명이 고봉이었고, 행주의 다른 이름으로 덕양이라 불리기도 했습니다.

지금 서울에서 고양으로 가는 길은 두 갈래입니다. 하나는 서대문구 의주로를 지나 은평구의 구파발역, 은평뉴타운 지역, 통일로를 지나는 길입니다.

서대문 밖에서 옛 고양으로 가는 길을 보여준다.

다른 하나는 강변북로, 자유로를 따라 가는 길입니다. 한강을 따라 가는 길이
지요.

조선시대에도 두 갈래 길이 있었습니다. 하나는 서대문에서 모화관(독립문
근처), 홍제원(홍제원), 녹번현, 관터고개(관기현)를 지나 고양으로 통하는 길입
니다. 구파발, 역촌동, 연서역 등의 지명은 파발이 지나던 옛 길이었음을 보
여줍니다. 다른 길로는 성산리(성산동)에서 난지도 옆 한강을 따라 행주로 가
거나, 고양 중심부로 향하는 길이 있었습니다.

고양이 서울의 서북쪽에 해당하기에 이런 경로가 나왔습니다. 오늘날 강변
북로에 통행량이 많은 것은 현재의 고양 중심부가 일산이기 때문입니다. "어

디에서 사느냐"고 물으면, "고양시에 산다"고 하지 않고 "일산에 산다"고 말
하는 분들이 있는데, 엄밀히 말하면 일산은 고양시의 구 이름입니다. 고양시
의 원 중심부는 덕양구 쪽입니다. 일산 동구와 일산 서구는 새로 생긴 신도시
입니다. 현재 일산의 상징경관은 호수공원입니다. 몇 년 전 지도를 보면 호수
공원의 남쪽은 전부 논이었습니다. 그 옆에 호수가 있었습니다. 하천의 유로
가 지금과 달랐을 때 호수공원은 한강이 지나가던 경로였던 것을 알 수 있습

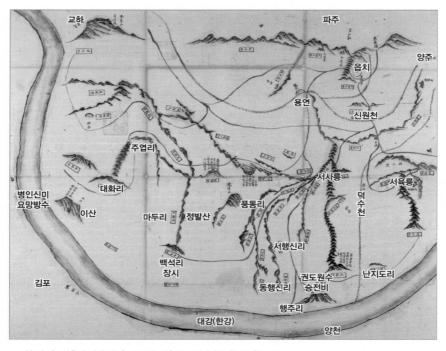

고양 지도(조선후기 지방 지도), 1872년, 서울대 규장각 한국학연구원 소장.

니다. 한강의 유로가 바뀌면서 장항동 일대가 논으로 바뀌었고, 옛 강이 흐르던 곳이 배후의 습지로 바뀌었고, 이곳이 호수공원으로 변하였음을 짐작할 수 있습니다.

신도시는 구 중심부에 만들지 않습니다. 이미 밀집된 곳에 새로운 도시를 만들기에는 장애가 있습니다. 그래서 옛 중심부인 지금의 덕양구가 아닌, 서쪽에 서울의 베드타운Bed Town을 만들었습니다.

이 지도는 1872년에 작성된 《조선후기 지방 지도》 중에서 〈고양 지도〉입니다. 한양 동북쪽은 양주가 되고, 서북쪽은 고양이 됩니다. 이 지도 아래에 대강大江, 큰 강으로 그려진 것은 한강입니다. 한강 남쪽은 옛 경기도 김포군과 양천현이 됩니다.

한강변에 난지도리와 덕수천이 그려져 있습니다. 조선시대 한성부의 경계가 되는 것이 이 지점입니다. 북쪽 파주 인근에 그려진 읍치는 옛 고양 중심부인 고양동입니다. 지도 오른쪽에 서육릉, 서사릉 등 여러 왕릉이 있습니다. 한양과 가까운 경기도에 여러 왕릉이 들어선 거지요.

난지도와 행주산성

한강변을 먼저 살펴봅시다. 난지도리가 보입니다. 난지도는 땅콩이나 배추 등이 자라고, 철새들이 몰려들던 곳이었습니다. 1978년 3월 18일, 이곳이 폐기물 처리시설 장소로 지정되면서, 1978년부터 1985년까지 1차 쓰레기가 매립되었습니다. 1986년부터 1992년까지 2차 매립이 시행된 후, 오늘날 두개의 산으로 바뀌었습니다.

1960년대 중반 난지도에서 재첩잡이를 하는 아이들 모습(위)과 난지도 앞 샛강의 모습(아래)이다. (『사진으로 보는 서울4』, 서울시사편찬위원회, 2005년)

원래 이곳은 가난한 사람들이 폐품 수집하면서 살던 곳이었습니다. 지금은 쓰레기산 위에 노을공원, 하늘공원이 생겼습니다. 서울의 서쪽 교외이니 지는 해가 아름답고, 높이 솟아 있으니 전망이 좋습니다. 무악산, 남산, 북한산, 관악산, 한강, 행주산성이 펼쳐진 모습이 보입니다. 거대한 두 개의 쓰레기산 위에 공원이 조성되어 산처럼 보이지만, 본래는 중초도中草島라고 불렸던 섬이었습니다. 쓰레기매립지의 옛 모습은 월드컵공원 디자인서울갤러리에 가면 볼 수 있습니다. 입구에 난지도 쓰레기 매립지 단층모형을 만들어 놓았습니다. 1978년부터 15년간, 98m 산을 이루는 난지도 쓰레기 매립지 단면을 재현해 놓았습니다. 시대별로 사는 모습이 다르니, 매립된 쓰레기도

시간대별로 달라짐을 알 수 있습니다.

　난지도에서 자유로를 타고 조금만 가면 행주산성이 나옵니다. 행주산성은
바로 서울의 길목을 지키는 산성임을 몸으로 느낄 수 있습니다. 〈고양 지도〉
에서 난지도리 서쪽에 행주리幸州里 지명이 보이고, 그 옆에는 권도원수 승전
비라고 적혀 있습니다. 권도원수는 도원수였던 권율 장군을 일컫는 말입니다.
행주대첩의 장소입니다. 행주幸州는 고려 태조 23년부터 불리던 지명입니다.
임진왜란 때 여인네들이 행주치마에 돌을 날라 왜적을 무찔렀다고 해서 행
주산성이라 부른 것이 아니라, 고려 초 지명이 행주였습니다. 이 산의 원래
이름은 덕양산입니다. 한양 도성은 북악산, 인왕산, 목멱산(남산), 낙산 등
네 산四山을 연결하여 쌓았습니다. 그 바깥쪽의 외사산外四山이 북쪽의 북한산,
동쪽의 아차산, 남쪽의 관악산, 서쪽의 덕양산입니다. 덕양산 위에 만든 산성
이 행주산성입니다.

　행주산성은 도성의 서쪽
을 지키는 산성입니다. 한
강을 따라 서쪽으로 가다보
면, '병인신미요망방수'라고
적힌 것이 보입니다. 병인양
요, 신미양요 때 멀리 바라
보고 지키던 곳이란 뜻입니
다. 강화도를 거쳐 통진(김
포)의 문수산성이 1차 방어

난지도에서 바라보면 북한산과 월드컵경기장이 보인다.

진지가 되고, 그곳을 지나면 고양 땅이 됩니다. 그래서 이 일대에 군사적 요충지 역할을 하는 곳이 많습니다. 전략적 요충지는 자연 지형과 상대적 입지에 의해 결정됩니다.

가족들과 행주산성에 갔을 때는 행주산성 주차장 입구에 차를 세웠습니다. 아들이 장갑차를 발견했기 때문입니다. 그 옆에는 '해병대 행주도강 전첩비'가 있었습니다. 임진왜란이 아닌, 한국전쟁 때의 일을 기념한 비입니다. 해병대 전첩비와 행주대첩비가 함께 있는 이유는 무엇일까요? 산성山城은 높은 곳에 있습니다. 그렇다고, 아무 산에나 산성이 있는 건 아닙니다. 넓은 범위가 시야에 들어오는 지역, 군사적 거점이 되는 곳에 산성이 들어섭니다. 그래서 산성에 올라가면 조망과 경치

행주산성에 가면 권율 장군 동상을 볼 수 있다.

행주산성의 행주대첩비는 임진왜란을 기념한 비이다.

가 좋습니다. 한번 전략적 거점이 된 곳은 계속 그 역할을 하게 됩니다. 임진
왜란 때는 왜군이, 한국전쟁과 그 이후에는 북한군이 막아야 할 대상이 되었
지만, 서울의 서쪽 교외라는 행주산성의 상대적 입지는 변하지 않습니다. 그
래서 한국전쟁을 기념한 해병대 전첩비와 임진왜란을 기념한 행주대첩 기념
물이 같이 있습니다.

행주산성에 올라가면 권율 장군의 사당도 만나고, 기념관도 있고, 행주대
첩비와 대첩비각도 볼 수 있습니다. 대첩비가 세워진 곳에서 내려다보면 고양
의 넓은 벌판, 난지도, 인천공항 전용도로, 한강의 많은 다리가 눈에 들어옵
니다. 과연 서쪽 교외의 요충지였구나 하는 생각이 절로 듭니다.

저는 전철 노선도도 지도라고 생각합니다. 역명은 그 지역의 대표적이고,
전통적인 장소가 붙여집니다. 3호선 전철역명을 순서대로 나열하면 대화, 주
엽, 정발산, 마두, 백석역입
니다. 1872년 〈고양 지도〉를
보면, 왼쪽부터 대화리, 주엽
리, 정발산, 마두리, 백석리
가 보입니다. 대화리 아래에
보이는 이산은 이산포 I.C 근
처라고 보면 되겠습니다. 동
쪽에는 서행신리, 동행신리
가 보이고요. 경의선 철도를
따라가다 보면 신촌, 가좌,

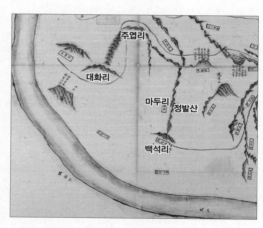

1872년 〈고양 지도〉에 나오는 지명을 오늘날 전철 3호선 노선도
에서도 볼 수 있다.

디지털미디어시티, 수색, 화전, 행신이 등장합니다. 경의선은 서울에서 의주로 연결되는 철도입니다. 바로 고양은 서대문에서 의주로 연결되는 조선시대 의주대로 경로상에 있는 지역입니다. 냉전시대에는 이곳이 북한과의 관계 때문에 안보상 중요한 위치였습니다. 길 이름도 강변북로와 연결되면 자유로, 구파발과 연결되면 통일로로 부릅니다. 서울의 방어기지였기에 자유로를 따라 행주산성 방향으로 가다보면, 서울시와 경기도의 경계 지점 근처에 작은 터널처럼 보이는 곳이 나옵니다. 그 옆 한

한양에서 고양으로 통하던 옛 길을 지금은 통일로라 불린다. 구파발역 근처에는 은평뉴타운이 들어섰다. 공사가 한창 진행 중일 때 촬영한 사진이다.

북한군의 진입을 막기 위해 한강변에 콘크리트 기둥을 설치했다.

강변에는 콘크리트 기둥을 여러 개 박아둔 모습이 보입니다. 북한군의 탱크 진입을 막기 위한 시설입니다.

옛 고을의 흔적을 찾으려면 덕양구 고양동을 가야 합니다. 서울에서 가장

빠른 길은 강변북로 자유로I.C에서 외곽순환고속도로를 통해 통일로 I.C를 거쳐 가는 길이지만, 옛 한양과의 연결성을 생각하려면 은평구에서 버스를 타고 가는 길이 좋습니다. 옛 중심부인 고양동에서는 지금도 서울의 수색과 연결되는 버스가 다닙니다. 바로 서울과 붙어 있는 곳이라는 이야기입니다. 일제강점기에는 은평구도 고양 땅이었으니까요.

고양의 옛 중심부를 찾아서

고양동에서 제일 먼저 가야 할 곳은 어디일까요? 고양향교입니다. 객사나 동헌이 남아 있지 않은 상황에서 남아 있는 향교가 옛 중심부 근처입니다. 지

중남미문화원 옆에 옛 중심부를 알 수 있는 고양향교가 있다.

금 중남미문화원이 그 옆에 붙어 있습니다. 가족과 놀러갔을 때 중남미박물관을 구경하고 주변을 산책하면서, 옛 향교도 한번 봐 주길 바랍니다.

향교에서 400m 떨어진 곳에 벽제관이 있습니다. 지금은 빈 터와 안내문만 남아 있습니다만, 옛 길의 측면에서 중요한 장소입니다. 『신증동국여지승람』에는 "벽제역碧蹄驛 중국 사신이 서울에 들어오기 하루 전, 이 역에서 반드시 유숙하게 된다"고 적혀 있습니다. 이곳에서 하룻밤 자고 다음날 홍제원(홍제동)과 모화관을 거쳐 도성으로 갑니다.

『택리지』에는 다음과 같은 기록이 등장합니다.

"또 서쪽으로 40리를 가면 벽제령碧蹄嶺인데, 임진년에 이여송이 패한 곳이다. 왜적이 평양에서 패하고 한양으로 철수한 뒤, 여위고 약한 병졸만을 골라

벽제관은 없고 그 터만 남아 있다.

고양현에 출몰하게 했다. 이여송은 개성에서 이 소식을 듣고 공을 세워 볼 욕심에, 큰 부대는 개성에 주둔시켜 둔 채 경장비^{輕裝備}를 한 군졸들만으로 왜적을 습격하게 했다. 그러나 겨우 벽제령을 넘자 왜적이 사면에서 크게 몰려오니, 여송의 휘하 군사 중에서 총에 맞아 죽은 자가 많았다. (…) 사현·녹반현과 벽제령에는 모두 관문을 설치할 만한 곳이다. 그러나 우리나라는 전국에 길을 막고 관문을 설치한 곳이 없다. 이것은 천험^{天險}의 요새를 버린 것이나 마찬가지니 안타까운 일이다. 벽제령에서 서쪽으로 40리를 가면 임진^{臨津}나루터이다. 여기는 한양 북쪽의 강 하류인데, 강 언덕 남쪽 기슭은 천연적인 성의 모양을 하고 있다. 또 서쪽으로 가는 길목도 되고, 강을 따라가면서 지형이 아주 험해서 참으로 지킬 만한 곳이다. 성을 쌓았어야 할 곳인데도 지금까지 쌓지 않았으니 매우 한스럽다. 이 나루를 건너 장단^{長湍}을 지나 40리를 가면 개성부인데, 고려 때의 도읍지다."

지금은 파주 임진강을 따라 민간인 통제선이 있고, 임진강 너머에 판문점과 비무장지대(DMZ, Demilitarized Zone)가 생겨 개성으로 가기가 힘듭니다만, 이곳만 지나면 바로 개성입니다. 벽제관은 한양-고양-파주-임진나루-장단-개성을 연결하는 주요지점이었습니다.

정말 최영 장군의 무덤에는 풀이 자라지 않을까

고양은 한양의 근교이지만, 개성과도 가까운 곳입니다. 고양 일대를 돌아보면, 장묘공원이 자주 보이고 곳곳에 무덤이 많습니다. 한양 외곽, 서울 외곽이어서 이 일대에 왕자의 무덤도 보이고, 서오릉, 삼릉 등 임금의 무덤도

공양왕릉은 고려 마지막 왕인 공양왕의 능이다.

'내 무덤에 풀이 나지 않을 것이다'라는 유명한 말을 남긴 고려 최영 장군의 무덤도 있다.

있습니다. 특이하게도, 고려시대 인물들의 무덤이 많이 보였습니다. 고양은 서울의 외곽이기도 하지만, 고려 개성의 외곽이기도 합니다.

고려의 마지막 왕인 공양왕릉은 원당동에 있습니다. 공양왕릉 안내문 옆에는 연못이 있고, 전설이 적혀 있는 것이 특이합니다. 내용을 요약하면 이렇습니다.

'공양왕이 조선 태조 이성계에게 왕위를 뺏기고 이곳 견달산 아래로 도망왔다. 근처 절에 머물려고 했으나, 힘들어져서 인근 대궐고개 다락골 누각에 묵게 되었다. 절의 스님들이 식사를 날라다 주어서 동네 이름이 밥 식食, 절 사寺, 식사동이 되었다. 어느 날 왕과 왕비가 보이지 않아 찾았으나 결국 찾지 못했는데, 왕이 귀여워하던 삽살개가 연못을 향해 짖고 있었다. 그 안을 들여다보니 왕과 왕비가 숨겨 있었다.'

고려시대 역사서인 『고려사』나 조선 태조에서부터 철종 때까지 25대 472년 간의 역사를 기록한 『조선왕조실록』에는 유배지인 강원도 삼척에서 숨진 것으로 되어 있으나, 개성과 가까운 이곳에 전설이 남아있다는 내용입니다. 그래서 삽살개 전설에 따라 고양시에서 왕릉정비 사업을 하면서 일부러 연못을 팠다고 합니다. 망한 나라의 마지막 임금에게는 꼭 슬픈 전설이 뒤따릅니다.

공양왕릉을 들른 다음 간 곳은, 고려시대의 마지막 장군인 최영 장군의 묘였습니다. 위화도 회군 이후, 이성계에 의해 숙청당해 처형을 당한 고려 말의 대표적 장군입니다. '황금 보기를 돌같이 하라', '내 무덤에 풀이 나지 않을 것이다' 등의 말로 유명한 장군입니다. 고양향교(중남미문화원 옆)에서 차로 이동하여 최영 장군의 묘 근처에 도착했습니다. 숲을 따라 15분 정도 걸으니 안내문과 계단이 나오고, 위로 계속 올라가니 무덤이 나왔습니다. 제가 갔을 때에는 체험학습을 나온 초등학생들도 있었고, 산책 나온 노부부도 보였습니다. 『신증동국여지승람』에는 "최영崔瑩의 묘는 대자산에 있는데, 무덤 위에 지금도 풀이 나지 않는다"라고 기록되어 있지만, 2010년에 제가 답사 가보니 풀은 아주 잘 자라고 있었습니다.

3. 남대문을 나서다

|옛 지도로 보는 남대문 밖 일대|

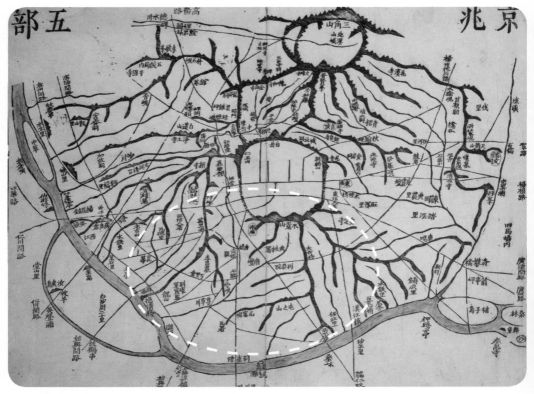

경조오부도(대동여지도), 1861년, 서울대 규장각 한국학연구원 소장

|오늘날 남대문 밖 일대|

서울시 마포구 · 용산구

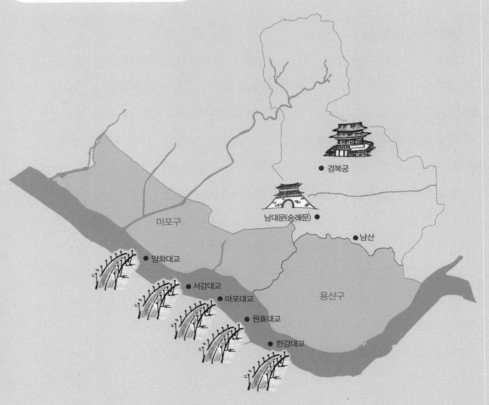

경복궁

남대문(숭례문)

마포구

남산

양화대교

서강대교

마포대교

용산구

원효대교

한강대교

남대문을 나와 한강을 건너면 인천·강화,
옛 시흥, 과천, 용인으로 가는 길이 된다.

남대문을 나서는 길

도성 안의 대로大路는 궁궐에서 시작됩니다. 경복궁의 정문인 광화문 앞에 있
는 세종로가 가장 큰 길입니다. 종로는 동대문과 서대문을 연결하는 큰 길입니
다. 지금 경복궁에서 남대문을 가려면 곧바로 나가면 되지만, 옛 길은 광통교
를 지났습니다. 경복궁-세종로-종로(제일은행 본점)-광통교(광교사거리, 신한은
행 광교지점 옛 조흥은행 본점)를 지나 남대문으로 나갔습니다.

옛 도성에서 남대문을 나와 한강을 건너야 남부 지방으로 연결될 수 있었습
니다. 남대문에서 한강으로 연결되는 길은 몇 갈래가 됩니다. 먼저 아현고개를
넘는 길입니다. 아현고개를 넘으면 창천과 와우산을 넘어 잠두봉 옆의 양화진
으로 연결됩니다. 양화진을 건너 남쪽으로 가면 인천과 강화로 연결되는 길이
나옵니다. 양화진으로 가지 않고 서강 방향으로 가면 밤섬과 여의도를 지나 영
등포에 이르고, 이 길은 인천으로 연결되는 또 다른 길이 됩니다.

다음으로 만리재고개를 넘는 길이 있습니다. 만리재고개를 넘으면 마포에

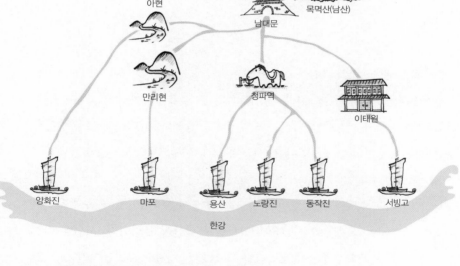

남대문을 나서면 많은 고개, 역, 원을 지나 한강의 나루터에 닿았다.

이릅니다. 마포에서 여의도를 지나면 옛 시흥으로 연결되는 길이 됩니다. 남대문에서 서남쪽으로 가지 않고 남쪽으로 오면 청파역(청파동 숙명여대 인근)을 만납니다. 청파역에서 효창묘(효창공원)와 만리창(만리동)을 거치면, 군자감별고(용산전자상가 인근)가 있었던 용산에 이릅니다. 청파역에서 용산으로 가지 않고 남쪽으로 가서 한강을 건너면 노량진이 됩니다. 이곳에 옛 행궁이 있었습니다. 조선시대 시흥 땅이 됩니다. 청파역에서 동작진으로 가게 되면 과천 땅으로 가게 됩니다. 남대문에서 이태원을 거쳐 서빙고나루로 향하면 용인 가는 길이 나옵니다.

한양의 남대문, 한양의 남산

남산은 서울의 남산이 아니라 한양 도성의 남산입니다. 서울의 남산은 관악산입니다. 지금의 서울에서 남산은 중앙에 해당합니다. 남대문도 서울의 남대문이 아니라 도성의 남대문입니다. 서울의 남대문은 고속도로 서울톨게이트라고 할 수 있습니다.

남산에 올라 북쪽을 바로 보면 경복궁, 창덕궁이 보이고, 그 뒤쪽에 북악산이 버티고 있습니다. 좀 더 시선을 멀리하면 북한산이 보입니다. 시선을 가까이 가져오면 종로와 청계천이 보입니다. 북악산을 기준으로 만들어진 옛 한양의 모습이 보입니다. 역사도시 한양을 보는 셈입니다.

남쪽을 바라보면 한강이 보이고, 여의도와 강남의 높은 빌딩과 관악산이 눈에 들어옵니다. 한양 도성은 남산이 경계이지만, 서울의 남쪽 경계는 관악산입니다. 남산에서 남쪽을 바라본 경관이 현대 도시 서울입니다.

남산은 서울의 남산이 아니라, 한양 도성의 남산이다.

　현대 도시 서울을 이해하려면 답사를 밤에 다녀야 합니다. 남산에서 내려다 본 야경 속에 서울의 숨겨진 도시 질서가 보입니다. 낮에는 모든 것이 다 보이기에 오히려 중요한 것을 보지 못할 수 있습니다. 어둠 속에서 별이 더 빛나듯이, 자본주의 도시 서울은 밤에 더 잘 보입니다. 핵심은 사소한 것을 가릴 때 더 잘 나타납니다.

　밤에도 환한 곳이 현재 서울을 이루는 핵심 논리를 보여줍니다. 환하게 밝혀진 도로와 자동차 불빛이 서울의 생활을 보여줍니다. 아파트 단지와 높은 빌딩

남산에서 바라본 서울 남쪽의 낮(위)과 밤(아래)의 모습이다.

이 눈에 보입니다. 밤에 보면 서울의 도로망을 한 눈에 알 수 있습니다. 남산에 서 북쪽을 보면 옛 도성 안이 보입니다. 대부분 어둡습니다. 서울을 이루는 배 경이 되는 산은 어둠 속에 숨겨져 있습니다. 자연 환경은 보이지 않습니다. 종 로와 청계천 근처에만 높은 빌딩이 있습니다. 강남은 높은 빌딩과 대규모 아파 트단지가 들어서 있음을 알 수 있습니다. 남산에서 한강까지, 중랑천까지, 모 래내까지의 범위, 즉 옛 한성부의 성 밖 지역은 상대적으로 미개발된 도시임을 알 수 있습니다.

남산에서 달빛으로 한강을 보다

한강은 남산에서 가장 잘 보입니다. 옛 한강은 나루로만 건널 수 있었습니 다. 지금은 많은 다리가 한강에 놓여 있습니다. 예전에는 도시 성장의 장애로 작용한 한강이지만, 강남과 강북을 연결하는 연결망 역할도 하였습니다.

낮에는 쉽게 인식하지 못하지만, 캄캄한 밤이라서 드러나는 것이 있습니 다. 한강에 놓인 다리의 방향입니다. 낮에 강변북로나 올림픽대로를 지나갈 때 는 강의 흐름을 느끼기 쉽지 않습니다. 자동차는 다리 위를 휙휙 지나갈 뿐입 니다. 한강이 곡선으로 흐른다는 사실을 금방 알아챌 수 없습니다. 밤에 내려 다보면, 많은 한강 다리가 평행하게 놓여 있지 않음을 알 수 있습니다. 한강은 'W(더블유)' 자 모양입니다.

유속이 빠른 지역과 느릴 것으로 예상되는 지역을 관찰하려면, 밤에 한강을 전체적으로 보는 것이 좋습니다. 강물이 천천히 흐르고, 물결이 세지 않은 곳 에 옛 나루터가 만들어졌습니다. 나루터가 있는 곳에 옛 물류창고가 들어섰을 테고요. 유속이 느린 곳에서는 제방공사를 하기도 쉽지만, 매립지를 만드는 것도 수월합니다. 그리고 이런 곳에 대규모 주택 단지를 조성하기도 좋습니다.

남대문을 나와 한강을 만나다

남대문을 나와 남쪽으로 가다보면 한강을 만납니다. 한강의 '한漢'은 '크다, 넓다, 아우르다'의 뜻을 지닙니다. 지금의 한강은 서울을 가로지르는 하천입니다. 한양 도읍의 남쪽에 흐르던 강이 서울이 넓어지면서 서울 중심부의 강이 되었습니다. 현재 서울에 국한해서 볼 때, 한강은 북쪽 의정부에서 시작된 중랑천의 물, 북한산에서 발원한 사천(불광천), 지금은 복개되었으나 무악에서 발원한 만초천, 남쪽의 탄천, 도림천, 안양천의 물을 모두 모은 강입니다.

강은 흐름입니다. 좀 더 넓은 시각으로 한강을 들여다보면 다릅니다. 영정조대의 실학자 신경준이 편찬한 것으로 알려진 『증보문헌비고』의 「여지고興地考」에 보면 한강이 다음과 같이 등장합니다.

"漢江之源三(한강지원삼) 一出(일출) 五臺之于筒(오대지우통) 一出(일출) 金剛之萬瀑洞(금강지만폭동) 一出(일출) 俗離之文藏臺(속리지문장대) - 근원이 셋인데, 하나는 오대산의 우통에서 나오고, 하나는 금강산의 만폭동에서 나오고, 하나는 속리산의 문장대에서 나온다."

서해에서 거슬러 동쪽으로 가면 한성부의 남쪽이 되고, 좀 더 동쪽으로 가면 두물이 만나는 지점, 양수두兩水頭, 두물머리 양수리가 됩니다. 거기서 북쪽으로 가면 강원도에서 발원한 북한강, 남쪽으로 가면 충청도에서 시작된 남한강이 나옵니다. 북한강은 강원도, 남한강은 충청도가 됩니다. 백두대간의 남쪽은 낙동강이 되고 서쪽은 금강이 됩니다. 서쪽으로 가면 서해가 나오는데, 강화와 김포 앞에서 예성강, 임진강과 만납니다.

한강은 개성 남쪽 예성강, 임진강과 만나 김포와 강화 앞에서 서해로 들어갑니다. 바다와 만나는 이 지점을 조강祖江, 강의 할아버지라고 부르기도 합니다. 강화도 동쪽은 바닷물, 소금의 강, 염하鹽河로 지칭하기도 합니다. 지금은 한강이 서울특별시에 있지만, 조선시대에는 경기도와 한성부의 경계, 더 넓은 영역으로 경기도에 포함됩니다.

마포·서강·용산은 바다, 뚝섬은 강의 종착지

강은 산과 연결되고 산은 강과 연결됩니다. 우리나라는 백두대간이 오른쪽에 높이 솟아 있습니다. 백두산에서 시작하여 동해안에 치우쳐 남쪽으로 오던 산줄기는 동해안을 따라 남쪽으로 이어지는 낙동 정맥과 지리산으로 계속 이어지는 산줄기로 나누어집니다. 그래서 동해안의 하천은 짧고, 서해와 남해로 들어가는 하천은 길게 흐릅니다. 서해안과 남해안은 강과 바다가 같이 만나는 지역이고, 낙동 정맥과 백두대간 사이에 갇힌 경상도는 낙동강을 중심으로 한 지역입니다. 서울(한양)과 연결하려면 경상도 지역은 낙동강과 육로를 이용해야 하고, 충청도와 전라도의 서해안 지역은 육로와 함께 바닷길을 활용할 수 있습니다. 그래서 서해안은 바다 중심의 포구가 발달한 데 비해, 남한강, 북한강, 낙동강은 내륙 수운을 이용하게 됩니다.

서해안의 세곡선과 장삿배는 한양의 서남쪽인 마포, 서강, 용산을 종착지로 이용하고, 경상도, 남한강, 북한강의 내륙 수운의 종착지는 뚝섬이 됩니다. 바

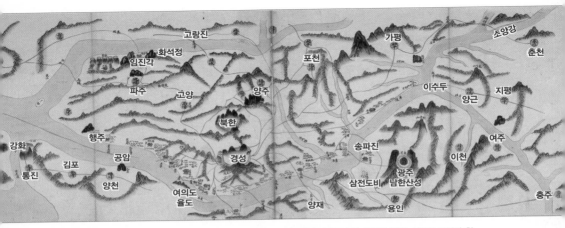

남한강, 북한강, 임진강, 서해로 둘러싸인 도시가 서울이다. [경강부임진도(동국여도), 19세기 전반, 서울대 규장각 한국학연구원 소장]

다를 이용하는 배는 마포, 서강, 용산으로, 강을 이용하는 배는 뚝섬으로 모여들었습니다.

옛 지도를 한 장 보지요. 지도에는 〈경강부임진도京江附臨津圖〉라고 적혀 있습니다. 경강 즉, 지금의 한강과 임진강을 함께 그렸습니다. 지도의 왼쪽에 한강과 임진강이 만나는 지점이고, 서해에 떠 있는 섬이 강화입니다. 강화 동쪽에 손돌항(손돌목), 문수산성, 통진, 김포, 양천 지명이 보입니다.

지도 왼쪽 위에 파주가 나오고, 임진강 가에 임진각과 화석정이 그려져 있네요. 지도 아래에 보이는 큰 강이 한강입니다. 오른쪽 춘천 옆에 소양강이 적혀 있네요. 북한강을 그렸습니다. 오른쪽 아래에는 충주, 여주, 이천 지명이 보입니다. 남한강입니다. 두 강이 만나는 곳에 '이수두二水頭'라고 표시되었습니다.

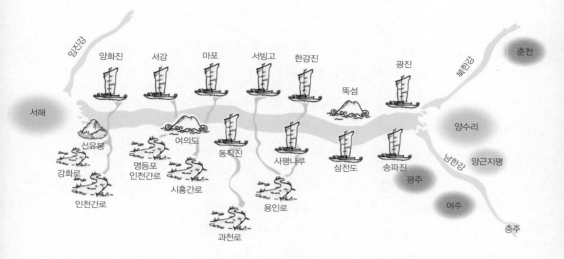

한강 나루를 지나는 옛 길을 알 수 있다.

두 이二, 물 수水, 머리 두頭, 남한강과 북한강이란 두 물의 머리 부분이라고 한 거지요. 그 옆에 나오는 지명이 양근과 지평인데, 두 곳이 합해져 양평이 되었습니다.

양수리에서 한양으로 들어가다 보면 뚝도(뚝섬)와 살곶이다리가 나오고, 중 랑천을 건너면 한강 북쪽으로 두모포, 한강진, 서빙고, 용산, 마포, 서강이 나 옵니다. 한강 남쪽에서는 송파진, 삼전도비, 양재, 동작진, 노량진이 나옵니다. 한강을 따라 강변 마을이 연이어 있음을 알 수 있습니다. 현재의 전철 9호선은 한강을 따라 이동하는 노선임을 알 수 있습니다.

한강, 이익을 만들어 내는 통로

남대문 밖은 남산의 남쪽이 됩니다. 서울시 중구와 용산구는 남산을 기준으로 나뉘어지는데, 남산에서 한강까지는 용산구에 해당합니다. 동쪽의 성동구와 옥수동, 서쪽의 마포구 도화동, 한강, 남산을 경계로 삼은 곳이 용산구입니다. 용산구는 1943년에 처음 만들어진 구입니다. 용산龍山이라는 지명은 『증보문헌비고』에 "백제 기루왕 때 한강에 두 마리 용이 나타났다"는 설에서 유래했다는 설명도 있고, 산세가 용이 서려 있는 모양이라서 생긴 지명이라는 설도 있지만, 확실하지는 않습니다.

조선시대 용산은 한강변이 중심부였습니다. 일제강점기 이후부터는 신용산이 중심이 되었고, 용산, 용산강江, 용호龍湖 등으로 불렸습니다. 용산과 관련하여 『택리지』에는 다음과 같은 기록이 있습니다.

"한양 남쪽 7리쯤 되는 곳에 용산호가 있다. 옛날에는 한강의 본줄기가 남쪽 기슭 밑으로 흘러가고 또 한줄기는 북쪽 기슭 밑으로 돌아 들어와서 십리나 되는 긴 호수였다. 서쪽으로는 염창의 모래 언덕이 물을 막아 물이 흐르지 않아 그 안에서 연蓮이 자랐다. 고려 때는 가끔 임금의 수레가 여기 머물면서 연꽃을 구경했는데, 본조本朝에서는 도읍을 정한 뒤로는 조수가 갑자기 밀려들어 염창 모래 언덕이 무너지면서 바닷물이 바로 용산까지 들어오니, 8도의 화물을 운반하는 배가 모두 용산에 정박하게 되었다. 용산 서쪽은 마포, 토정, 농암籠巖 등 강촌이다. 이 마을은 모두 서해와 통해서 8도의 배가 모이는 곳이 되었다. 도성 안의 공후公侯와 귀족들은 모두 여기에 정자나 누대樓臺를 지어 놓고 놀이를 하고 잔치를 벌였다. 지금까지 3백여 년 동안 한강의 물이 점점 줄어들어 한강 위쪽으로는 바닷물이 들어오지 못한다. 또 염창 모래언덕이 있었던 곳에는 해마다 진흙이 쌓여 앞으로 막히게 될 형편이니, 어떻게 해야 좋을지 모르겠다."

강은 흘러가지만, 나루는 머물게 합니다. 나루터가 강의 의미를 만들어줍니다. 나루터는 거점입니다. 사람이 만나고 교역이 이루어지는 장소입니다.

원효로에 군수물자와 군량미를 다루던 창고인 군자감, 효창공원 근처에 구휼미와 대동미 등을 관리하던 만리창, 마포구 창전동에 관리들의 녹봉을 담당하던 광흥창이 있었습니다. 그 이유는 서강, 마포, 용산이 서해 교역로의 최종 종착지 기능을 담당했기 때문입니다. 남한강과 북한강을 통해 들어온 물자는 뚝섬과 두모포(동호대교)에 내려졌고, 서해를 통해 들어온 물자는 이곳에

절두산 순교성지 아래에서 양화진나루터의 흔적을 발견할 수 있다.

표지석에서 삼개포구 마포나루의 흔적을 발견할 수 있다.

전철 2호선이 지나는 당산철교 동쪽 천주교 절두산 성지 아래가 양화진나루터이다.

내려졌습니다.

『택리지』에 "삼남 지방에서 세조稅租를 실은 배가 이 손돌목 밖에 와서는 만조滿潮가 되기를 기다렸다 지나가는데, 조금이라도 실수하면 배가 깨지고 만다. 한강은 곧 서쪽으로 흘러 양화도의 북쪽 언덕을 돌아 서강 물과 합류했다가 문수산 북쪽을 돌아서 바다로 흘러든다"는 기록도 보입니다. 강화도와 김포 사이의 손돌목을 통해 한강으로 연결되는 뱃길을 설명하고 있습니다.

『택리지』에서도 재물을 중요하게 생각합니다. 예를 지키기 위해 재물이 필요하다고 말합니다. 생리生利, 이익을 만들어 내는 데 있어서 땅이 기름진 것을

1900년대 마포와 정박 중인 선박을 보여주는 옛 사진이다. (『사진으로 보는 서울1』, 서울시사편찬위원회, 2005년)

으뜸으로 칩니다. 그 다음에는 교역이 중요하다고 말합니다. 배와 수레를 통해 사람과 물자가 모이고, 있는 것과 없는 것을 서로 바꿀 수 있는 곳이 이익을 내기에 좋다는 겁니다. 한강이 널리 통하고 물자를 운송하는데 편리하다고 기록하고 있습니다. 지금 한강이 물류 기능을 하지 못하는 것은, 많은 댐이 만들어지고 수중에 많은 보가 생겼기 때문입니다. 한강 개발 사업으로 주변 지형도 많이 달라졌습니다.

옛 지형과 현재 한강의 모습은 다릅니다. 제가 한강대교 북단에서 시작하여 강을 따라 행주산성까지 걸어간 적이 있습니다. 아침 9시부터 오후 2시까지 천

원효대교 아래를 지나가다 보면 지금은 복개된 옛 하천인 만초천의 흔적을 발견할 수 있다.

천히 걸었는데, 원효대교 아래를 지나다가 빈 공간을 발견하였습니다. 옛 하천의 흔적이었습니다. 지금은 복개된 만초천이라는 하천인데, 이곳이 한강으로 들어갔습니다. 만초천은 독립문 근처에서 발원하여 한강으로 들어가는 하천입니다. 용산과 만초천 근처에 있던 창고가 군자감, 만리창입니다. 군자감은 원효로 3가에, 만리창은 효창동에 있었습니다.

한양은 도성이 중심이고, 도시가 성장하려면 성문 밖 지역도 시가지화가 되어야 합니다. 북쪽에는 북악산, 인왕산, 북한산, 도봉산이 버티고 있어 넓은 지역이 없습니다. 상대적으로 남대문에서 한강까지는 새로운 시가지로 조성될 만한 넓은 터가 있습니다. 그래서 조선시대에는 한강변이 용산의 중심이었습니다. 그러나 일제강점기 이후에는 새로운 용산인 신용산이 중심부가 되었습니다. 용산의 미군기지는 일본군 주둔지이기도 했던 곳입니다. 이곳을 미군이 사용하였습니다.

용산에서 신용산으로 중심이 바뀐 배경에는 철도의 영향도 있다고 봅니다. 지금도 KTX 출발지는 서울역과 용산역으로 나뉩니다. 조선시대 청파역驛과 이태원院이 육로 결절지였다면, 일제강점기 이후에는 용산(신용산)이 철도 교통의 중심이 되면서 성 밖 중심지가 되었다고 할 수 있습니다.

몇 년 전만 해도, 용산역 주변에는 노숙자와 집창촌이 많았습니다. 그러나 부동산 개발자본이 용산의 노른자 땅을 그냥 놔두지는 않습니다. 2009년에 용산역 주변이 다시 재개발되는 과정에서 철거참사가 일어난 것을 여러분도 기억할 것입니다. 앞으로 이곳에 강남과 용산을 잇는 복선 전철이 생길 예정이라고 합니다. 정자-판교-양재-강남-신사-동빙고-용산을 잇는 노선인데, 강남과 그 남쪽의 신도시와 한강 북쪽을 연결하는 노선입니다. 앞으로 서울이 어떻게 바뀔지 궁금합니다.

3
장

한강 남쪽의 서울, 옛 경기도에 가자

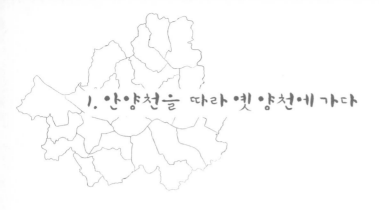

1. 안양천을 따라 옛 양천에 가다

| 옛 지도로 보는 옛 양천현 일대 |

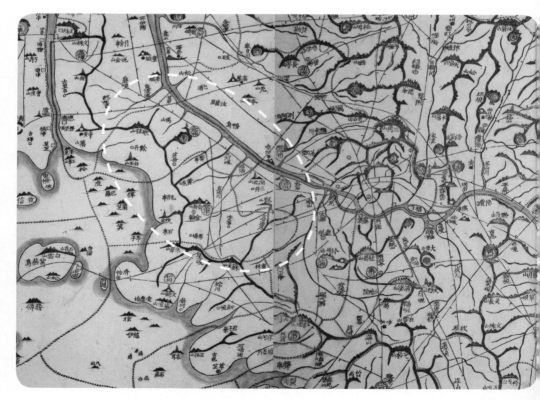

대동여지도 13첩, 1861년, 서울대 규장각 한국학연구원 소장

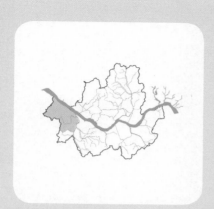

오늘날 양천현 일대

서울시 양천구 · 강서구

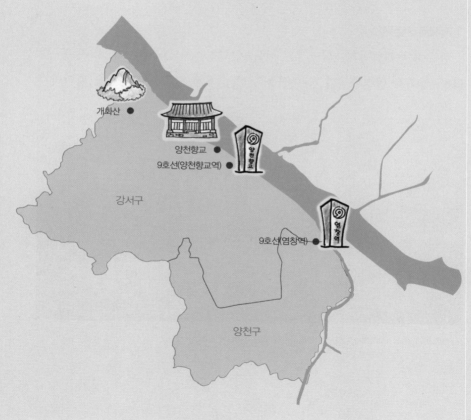

개화산

양천향교

9호선(양천향교역)

강서구

9호선(염창역)

양천구

옛 양천현은 서울특별시의 서남쪽 끝부분으로,
서해안에서 서울로 들어오는 입구에 있었다.

서해로 가는 길

한양에서 강화까지 가는 길은 서울-양화진(양화도)-양천-김포-통진-갑
곶진-강화로 연결됩니다. 양화진을 건너 선유봉 남쪽으로 한강을 따라가는

선유도에서 바라본 양화대교 모습으로, 다리 너머에 있는 여의도와 관악산까지 보인다.

길입니다. 양화진은 한강을 따라 서해로 가는 길목에 해당합니다. 양화진 근처에 놓인 양화대교가 제2한강교였습니다. 관아가 있었던 중심부를 읍치邑治라고 합니다. 옛 양천의 읍치는 오늘날 강서구 가양동이고, 옛 김포 읍치는 오늘날 김포시 북변동입니다. 강화로 가는 길에 북변 삼거리가 보이는데, 이 근처입니다. 통진 읍치는 김포시 월곶면 군하리이고, 옛 터는 월곶면사무소가 되었습니다. 1914년에 통진군이 김포군에 편입되어서, 통진이 김포군의 한 면이 되었습니다.

양천의 옛 모습, 9호선 양천향교역

먼저 1872년에 작성된 《조선후기 지방 지도》 중에서 〈양천 지도〉를 같이 보았으면 합니다. 지도 가운데에 향교가 보입니다. 현재 전철 5호선의 역명인 개화산역, 9호선의 개화역, 양천향교역, 가양역, 염창역, 선유도역 등에서 옛 양천의 흔적을 찾을 수 있습니다. 전철 9호선은 한강라인입니다. 양천향교를 찾고 싶다면, 양천향교역에서 내리면 됩니다. 양천향교 주변으로 옛 관청이 보입니다. 지도 오른쪽에 보이는 양화진에서 한강을 건넙니다. 한강 너머에는 고양 행주가 적혀 있습니다. 양화진 왼쪽에는 선유봉(선유도)이 보입니다. 선유봉과 양화진 아래에 대로大路가 적혀 있는 게 보이지요? 양천 관아 앞을 지나 김포 굴포교를 지나는 길입니다. 이 길이 서대문에서 나와 아현고개를 넘어 한강으로 연결되는 길과 이어집니다. 이 경로를 따라 김포, 통진, 강화로 연결됩니다. 현재의 김포와 강화로 가려면 올림픽대로나 남부순환도로를 거치지만, 옛 길은 양화진-양천-김포 굴포교로 연결됩니다.

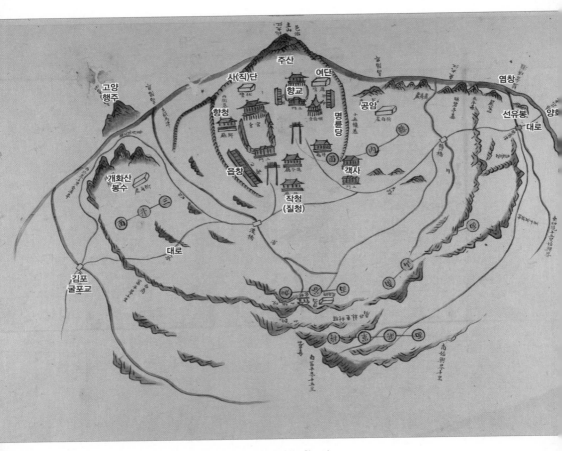

양천 지도(조선후기 지방 지도), 1872년, 서울대 규장각 한국학연구원 소장

서해

한강

양화진

강화 　 통진 　 김포 　 개화산 　 공암 　 염창

굴포천 　 양천향교

인천 　 양천객사

양화진을 건너 한강을 따라 서쪽으로 가는 길에 옛 양천과 주변의 군현을 만날 수 있다.

　양천향교와 양천 중심부는 현재의 강서구 가양동에 해당합니다. 양천 중심부가 양천구가 아니라 강서구에 있는 것은, 강서구가 먼저 생기고 양천구는 강서구에서 분리된 구이기 때문입니다. 조선시대 양천현은 현재의 서울특별시 강서구와 양천구를 합한 범위가 됩니다. 일제강점기인 1914년 경기도 김포군 양서면·양동면이 되었다가, 1963년에 영등포구에 편입된 지역입니다. 1977년 9월에 강서구를 신설하고, 1988년 1월에 양천구를 분리했습니다.

　양천향교역에서 내려서 향교와 관아건물, 허준박물관, 겸재정선기념관을 둘러본 적이 있습니다. 전철역에서 나오면 양천향교와 양천고성의 터를 안내하는 이정표가 나옵니다. 현재 서울특별시에서 유일하게 볼 수 있는 향교가 양천향교(강서구 가양동 234번지)입니다. 조선 태종 때 창건된 것인데, 지금 우리가 보는 향교는 새로 복원된 것입니다. 1872년 〈양천 지도〉를 보면, 향교 뒤에 주산이 보입니다. 『신증동국여지승람』에는 "현 북쪽 1리에 성산城山이 있고, 이 산이 진산이다. 성산고성城山古城은 지금은 없어졌다"는 기록이 등장하는데, 답사를 가보니 향교 뒤에 산이 있었습니다. 지도에서 향교 뒤에 그려진 산이 성산인 듯합니다. 그리고 지금 양천고성터라는 곳이 성산고성으로 추정됩니다.

전철 9호선 양천향교역에서 내리면 곧바로 양천향교지와 양천고성지 이정표를 볼 수 있다.

옛 군현 중심지에는 객사가 있고 진산(주산)의 맥이 객사로 내려오지만, 양천현은 독특하게 진산인 성산의 맥이 내려오는 자리, 객사가 있어야 할 자리에 향교가 있습니다. 고려시대 양천 중심부와 조선시대 양천 중심부에 차이가 있어서 그렇습니다.

양천현을 보면, 뒤쪽에 한강이 있고, 공암孔巖, 孔巖이 보입니다. 신라 경덕왕 때 지역 이름이 공암孔巖이었습니다. 공암진孔巖津이 읍치의 북쪽이 되니까, 북포北浦라 부르기도 했

서울특별시에서 볼 수 있는 유일한 향교가 양천향교이다.

습니다. 『신증동국여지승람』에는 "바위가 물 복판에 섰고 구멍이 있으므로, 이것이 이름으로 되었다"고 적혀 있습니다. 공암(강서구 가양동 부근)은 올림픽고속도로를 만들 때 사라졌습니다.

겸재 정선기념관 옆에는 하마비가 있다.

공암 나루터와 관련한 일화를 소개해볼까 합니다. 이 지역에서 나루와 한강이 얼마나 중요한 의미를 지는지 잘 알 수 있습니다.

'고려 공민왕 때에 평민 형제가 함께 길을 가다가, 아우가 황금 두 덩이를 주워서, 그 하나를 형에게 주었다. 공암나루터에 와서 형과 함께 배를 타고 건너는데, 아우가 갑자기 금을 물속에 던지므로 형이 괴이하게 여겨서 물으니, 아우가 대답하기를, "제가 평소에 형님을 독실하게 우애하였는데, 금을 나누어 가진 다음에는, 형님을 꺼리는 마음이 갑자기 생깁니다. 이것은 상서롭지 못한 물건이니, 강에 던져서 잊어버리는 것이 낫겠습니다" 하였다. 형이 말하기를, "네 말이 참으로 옳도다"하고 형도 또한 금을 물에 던졌다.'

겸재 정선기념관과 허준 동상이 있는 곳

〈양천 지도〉에서 오른편 윗쪽을 보면 한강변에 염창이 있습니다. 전철 9호선 역명인 염창역과 강서구 염창동은 이 지도에 나오는 소금창고, 염창鹽倉때문에 생겼습니다. 한강 북쪽 마포구에도 염리동鹽里洞이 있습니다. 마포경찰서 염리치안센터 앞에는 '염전鹽廛, 한강으로 들어온 소금배가 소금을 풀어 거래하던 곳'이라는 표지석도 있습니다. 서해에서 한양으로 들어오는 입구가 이곳입니다. 지금도 서해안을 따라가다 보면 염전이 많이 남아 있습니다. 지금은 소금을 너무 많이 섭취하여 문제이지만, 사람이 살아가는 데 없어서는 안 되는 것이 소금입니다. 물과 소금만 있으면 굶어도 버틸 수는 있습니다. Salt(소금)에서 Salary(월급)란 말이 나왔다고도 하지 않습니까? 이곳에 소금 창고가 있었습니다.

양천현의 현감을 지낸 화가가 겸재 정선입니다. 겸재 정선의 그림 중 한강변의 명승지는 현감을 지내면서 그렸다고 합니다. 이런 연유로 양천향교 역 근처에 겸재 정선기념관이 있습니다.

염리동 파출서 앞에 세워진 염전 머릿돌은 이곳에 염전이 있었음을 알려준다.

『신증동국여지승람』을 보면, 이 지역의 주요 인물은 모두 허 씨라고 합니다. 허준도 양천 허 씨입니다. 그래서 가양동에 구암공원이 있고, 그 안에 『동의보감』을 저술한 허준동상이 있습니다. 또한, 근처에 허가바위가 있고, 한의학박물관도 있습니다.

서쪽으로는 개화산 봉수(강서구 개화동)와 김포 굴포교(김포시 고촌면 전호리 굴포천)가 보입니다. 전철 9호선 개화역과 5호선 개화산역은 〈양천 지도〉에도 표시되어 있는 개화산에서

가양동 구암공원에 허준동상이 있고, 근처에 한의학박물관이 있다.

따왔습니다. 이곳에 봉수를 설치하여, 서쪽의 군사정보를 모았습니다.

『한국땅이름큰사전』에서 봉화 관련 지명을 찾아본 적이 있습니다. 봉화 터, 봉화 고개, 봉화곡, 봉화골, 봉화대, 봉화대산, 봉화대지, 봉화대터, 봉화대산, 봉화대지, 봉화등, 봉화뚝, 봉화매, 봉화모탱이, 봉화봉, 봉화불터, 봉화산, 봉화산재, 봉화재, 봉화치, 봉화터 등이 나옵니다. 봉수 관련 지명을 찾으니 봉수, 봉수골, 봉수단, 봉수대, 봉수대산, 봉수대지, 봉수대터, 봉수리가 나옵니다. '봉수'라는 보통 명사로 표기되는 지역 외에도 구체적으로 산 이름이 들어간 지명, '○○○봉수'라는 곳도 많이 등장합니다.

현재와 달리 옛날의 무선 통신에 해당하는 것이 봉수입니다. 멀리서도 잘 보이는 곳에서 주변 지역의 정보를 모아, 다른 곳으로 전달해주는 기능을 하였습니다. 처음 이동통신이 등장했을 때, 옛 봉수대 터에 기지국을 설치하면 좋겠다는 생각을 했습니다. 주변에서 가장 잘 보인다면, 그보다 높은 산이 없

다는 것을 의미하고, 이는 전파 방해 요소가 없다는 말이니까요. 조선시대 봉수체계는 한양 목멱산(남산)을 중심으로 연결된 전국적 정보 네트워크였으니까, 이미 우리 선조들이 전국적 무선 통신망을 지정해 놓은 셈이지요. 그러니 이걸 그대로 활용하기만 하면 된다는 생각이 들었습니다.

봉수대 터를 직접 보기 위해, 개화산을 찾은 적이 있습니다. 약사사라는 큰 절을 지나, 계속 올라가니 전망이 탁 트인 장소가 나왔습니다. 지금 그곳에 군부대가 주둔하고 있었습니다. 봉수대 터는 이동통신 기지나 군부대가 입지하기 좋은 장소임을 다시 한 번 입증해주었습니다.

개화산에는 약사사라는 큰 절이 있다.

지금은 개화산 봉수대에 군부대가 주둔하고 있다.

안양천을 따라서

현재의 강서구와 양천구는 서울특별시의 서남쪽 끝부분입니다. 경기도 김포, 인천, 부천과 맞닿은 곳으로, 서울 외곽입니다. 서해안에서 서울로 들어오는 입구에 해당하는 지역이 옛 양천현입니다. 강을 중심으로 보면, 강화, 김포 통진에서 강을 따라 서울로 진입했을 때 가장 먼저 양화진에 도착합니다. 오늘날, 안양천을 따라 서부간선도로가 형성된 지역이고, 남부순환도로, 올림픽고속도로가 지나는 곳입니다. 신월동에서는 경인고속도로와 연결됩니다. 방화대교를 지나면 영종도 인천국제공항으로 연결됩니다. 운수업이 입지할 조건을 갖추고 있습니다.

〈양천 지도〉에서 왼쪽 아래에 표시된 김포 굴포교를 봅시다. 그곳에 굴포천이 있습니다. 현재 인천 서구 경서동에서 서울 강서구 개화동으로 이어지는 굴포천(18km)에 굴포운하(경인운하)가 만들어지고 있습니다. 김포 아라대교는 경인운하 터미널 옆에 새로 지은 다리입니다. 훗날 경인운하가 완공되면, 배가 지나다닐 수 있게 아치형으로 만들었습니다.

서울대 정문에서 하천을 따라 한강까지 걸어본 적이 있습니다. 양천구는 안양천과 접한 지역이었습니다. 관악산에서 나온 도림천이 안양천에 합류하는 것을 볼 수 있었습니다.

오늘날 양천현은 대규모 아파트단지가 들어선 지역이 되었지만, 서울에서 마지막으로 남은 농업지대이기도 하였습니다. 양천陽川이라는 말도 해

경인운하 공사가 시작되기 전에 굴포교에서 본 굴포천의 모습이다.

도림천과 그 주변에 들어선 아파트단지를 보여주는 사진(위)과 다리 너머에서 도림천과 안양천이 합류하는 지점을 보여주는 사진이다.(아래)

가 잘 들고 하천이 있다는 뜻입니다. 목동 아파트단지는 예전에 목장이 있던 곳입니다. 지금은 하천을 따라 조깅을 하거나 자전거를 타는 사람들이 많지만, 옛날에는 하천이 있고 수풀이 잘 자라니 목장이 들어섰습니다.

강서구 화곡동禾谷洞도 '벼 화禾'를 쓰지 않습니까? 벼농사가 잘되는 곳이었습니다. 지금은 사교육과 아파트단지로 상징되지만, 예전에는 목가적인 분위기였습니다. 개화동開花洞은 뒷산이 꽃피는 모양, 등촌동登村洞은 등성이에 생긴 마을, 등마루, 마곡동麻谷洞은 삼麻을 많이 심은 곳, 오곡동五谷洞은 다섯 골짜기, 발산동鉢山洞은 산의 모양이 바리때 밥그릇 모양, 신월동新月洞은 초승달 모양에서 동 이름을 따온 것으로 알려져 있습니다.

2. 삼성산에서 옛 시흥을 찾다

|옛 지도로 보는 옛 시흥 일대|

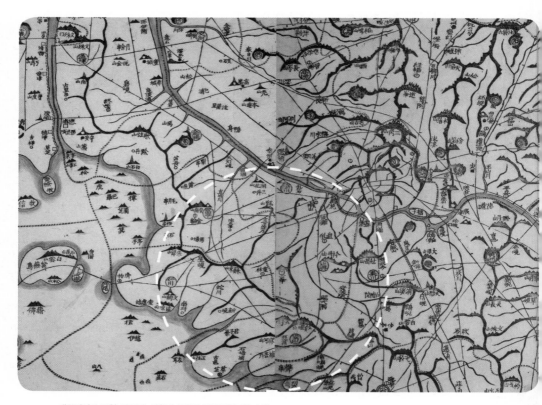

대동여지도 13첩, 1861년, 서울대 규장각 한국학연구원 소장

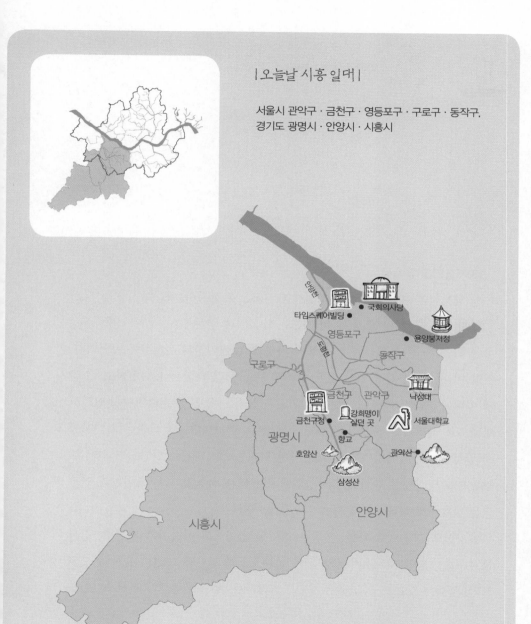

|오늘날 시흥 일대|

서울시 관악구 · 금천구 · 영등포구 · 구로구 · 동작구,
경기도 광명시 · 안양시 · 시흥시

타임스퀘어빌딩
국회의사당
용양봉저정
영등포구
안양천
도림천
구로구
동작구
금천구
금천구청
강희맹이 살던 곳
낙성대
관악구
서울대학교
광명시
향교
호암산
관악산
삼성산
시흥시
안양시

옛 시흥은 관악산에서 한강까지 이르는 지역이지만,
시흥의 진산은 삼성산이다.

옛 시흥현을 찾아서

옛 양천현을 보았으니 이제 조선시대 시흥으로 갑시다.

먼저 지도를 한 장 보지요. 이 지도는 1872년에 만든 《조선후기 지방 지도》 중에서 〈시흥 지도〉입니다. 지도에서 가장 위로 관악산과 삼성산이 보입니다. 왼쪽 아래에는 한강이 보입니다. 왼쪽에 보이는 긴 하천은 도림천이고, 오른쪽 아래에 그려진 하천은 안양천입니다. 서울의 서쪽 강북 지역에서 발원해서 한강으로 들어가는 하천이 홍제천, 불광천(사천)입니다. 이 하천은 북한산에서 발원한 하천입니다. 한강 이남, 사천에 대응되는 하천이 안양천입니다. 도림천은 관악산에서 발원하여 안양천에 합류되는 하천입니다. 도림천과 안양천은 남쪽에서 북쪽으로 흘러 한강으로 들어갑니다.

안양천을 기준으로 보면, 서쪽은 경기도 광명시와 서울시의 양천구, 강서구가 되고, 동쪽은 서울시 금천구와 영등포구가 됩니다. 도림천을 기준으로 보면, 북쪽은 영등포구, 남쪽은 구로구입니다. 안양천과 평행하게 서부간선도

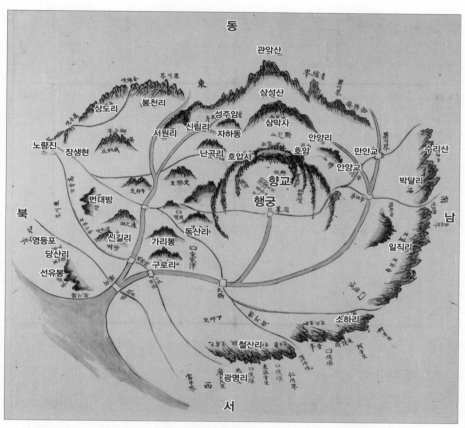

동

東

관악산

삼성산

봉천리

상도리

성주암

삼막사

서원리

신림리

자하동

안양리

노량진

장생현

난곡리

호압사

호암

만안교

수리산

향교

안양교

박달리

번대방

행궁

북

남

영등포

신길리

가리봉

독산리

당산리

일직리

선유봉

구로리

소하리

철산리

광명리

西

서

시흥 지도(조선후기 지방 지도), 1872년, 서울대 규장각 한국학연구원 소장

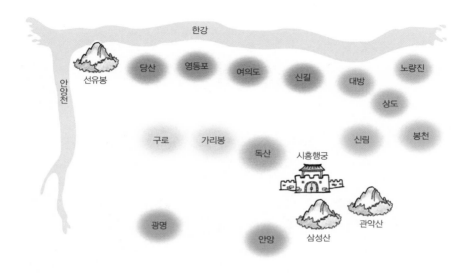

옛 시흥(금천)의 범위를 보여준다.

로, 1번 국도가 지나갑니다. 도림천을 따라서 전철 2호선 신대방역, 구로디지털단지역, 대림역, 신도림역, 2호선 지선 도림천역이 지나갑니다.

관악산과 삼성산을 중심으로 그리다보니 동남쪽을 위가 되도록 그렸습니다. 관악산 아래 보이는 삼성산이 시흥의 진산이 됩니다. 《대동여지도》에는 금주산으로 표시되었는데, 고려 초 시흥(금천)의 지명이 금주衿州였습니다. 관악산은 과천의 진산입니다. 지도에서 보면, 관악산에서 한강까지가 옛 시흥현(금천현)이었습니다.

146

〈시흥 지도〉를 보면 익숙한 지명이 나옵니다. 왼쪽(북쪽)을 보면 봉천리, 신림리, 난곡리, 상도리, 노량진, 번대방(대방), 영등포, 당산리, 선유봉(선유도), 신길리, 가리봉, 구로리, 독산리 등이 있습니다. 봉천리, 신림리, 난곡리는 현재 관악구에 속합니다. 상도리, 노량진, 번대방은 동작구에 속합니다. 영등포리, 당산리, 신길리는 영등포구입니다. 가리봉, 구로리는 구로구에 속하고 독산리는 금천구입니다.

지도 오른쪽을 보면 안양리, 박달리가 보이지요? 현재의 안양시 지역입니다. 안양시는 1973년에 시흥군 안양면에서 시로 승격되었습니다. 아래쪽에는 일직리, 소하리, 철산리, 광명리가 보입니다. 안양천의 서쪽 지역인데, 1981년에 시로 승격된 광명시 지역입니다. 일직리는 서해안고속도로와 제2경인고속국도가 만나는 일직분기점으로 보면 됩니다. 조선시대 시흥이 경기도 광명시, 안양시, 관악구, 동작구, 영등포구, 구로구, 금천구에 걸쳐 있는 지역임을 알 수 있습니다. 경기도 시흥시는 옛 시흥군 소래읍과 군자면, 수암면이었던 곳이 1989년에 시로 승격되었습니다.

지금 경기도에 시흥시가 있고 서울에 금천구 시흥동이 있지만, 금천과 시흥은 조선시대에는 같은 지역을 일컫는 지명이었습니다. 조선후기 시흥현의 중심부는 삼성산 아래, 현재 서울시 금천구 시흥동입니다. 정조 19년(1795년)에 경기도 금천현이 시흥현으로 명칭이 바뀌었습니다. 그래서 정조대 이전 지도에는 시흥이 보이지 않습니다. 금천을 찾아야 합니다.

이 지역은 행정구역 변화가 심하였습니다. 1914년 행정구역 통폐합 과정에서 과천군과 안산군 전체가 시흥군에 편입되었습니다. 그래서 일제강점기

시행 연도	행정구역 변화 내용
1795년 (정조 19년)	경기도 금천현 ⇨ 경기도 시흥현 명칭변경
1914년	과천군, 안산군 ⇨ 시흥군 편입
1936년	시흥군 북면 전체, 동면 상도리 ⇨ 경성부 편입
1963년	시흥현 ⇨ 서울 편입
1973년	시흥군 안양면 ⇨ 안양시 승격
	영등포구 ⇨ 관악구 분리
1980년	영등포구 ⇨ 구로구 분리
1981년	일직리, 소하리, 철산리, 광명리 ⇨ 광명시 승격
1995년	구로구 ⇨ 금천구(시흥동, 독산동, 가산동) 분리 * 경기도 시흥과 구분하기 위해 '금천'이란 지명 재사용

옛 시흥지역의 연도별 행정구역 변화

에는 시흥군이 조선시대보다 훨씬 넓었습니다. 1936년에 시흥군 북면 전체와 동면 상도리가 경성부에 편입됩니다. 조선시대 한성부는 한강 북쪽이었는데, 여의도와 한강 남쪽이 처음 경성부에 편입된 시기가 바로 이때입니다. 그리고 조선시대 시흥현 지역이 대거 서울에 편입된 것은 1963년입니다.

일제강점기의 시흥 중심부는 북면 영등포리(영등포구)였습니다. 관악구는 1973년에 영등포구에서 분리되었고, 1980년 4월에 관악구에서 동작구가 분리됩니다. 구로구는 1980년에 영등포구에서 분리되었고, 1995년에 구로구에서 금천구가 분리되어 현재 행정구역이 되었습니다. 정조대에 금천현에서 시흥현으로 명칭이 바뀌었지만, 경기도에 시흥시가 있으니까 중복을 피하기 위해

구로구에서 분리되면서, 금천이라는 지명을 다시 사용하게 되었습니다.

현재의 서울시 금천구는 안양천의 동쪽에 자리하며, 구로구와 관악구가 인접한 곳입니다. 지금 서울대에서 금천구로 가려면 서해안 고속도로와 연결되는 산복터널을 지나면 금방 도착합니다만, 제가 대학 다닐 때만 해도 이 터널이 없었습니다. 그러니까 예전에는 남부순환도로를 통해 이쪽으로 연결되었습니다. 산으로 막혀 있었습니다.

서울시 금천구는 시흥동, 독산동, 가산동으로 나뉩니다. 시흥대로 동쪽 삼성산 아래가 옛 시흥의 중심부에 해당합니다. 시흥 5동은 옛 중심부였고, 가산동은 신도시처럼 새로 개발된 곳입니다. 시흥대로始興大路를 기준으로 도시의 모습이 다릅니다. 동쪽은 오래된 주택지가 많고, 가산동은 현대식 빌딩이 들어서 있습니다. 『신증동국여지승람』을 보면, 독산동은 "산 하나가 있는데, 활딱 벗어져서 나무가 없다. 그러므로 사람들이 독산禿山이라 한다"는 재미있는 지명 유래가 등장합니다.

금천구의 은행나무 사거리에서

〈시흥 지도〉에서 중심부를 보면, 행궁과 향교가 그려져 있습니다. 현재 그 주변에는 은행나무가 많습니다. 그래서 은행나무 사거리라 불립니다. 여름철이면 동네 주민들이 이 커다란 은행나무 아래에서 쉬는 모습을 종종 볼 수 있습니다. 서울에서 이렇게 큰 은행나무를 볼 수 있다니, 제 마음까지 훈훈해졌습니다. 여러분들도 꼭 답사를 와서, 직접 보았으면 합니다.

은행나무 사거리에서 보이는 비석 앞에 은행나무 마트가 있습니다. 은행나

사람들이 쉬고 있는 은행나무에서 오른쪽 도로가 관아로 향하는 큰 길로 추정된다.

시흥현령 선정비 맞은편 골목에서 커다란 은행나무를 볼 수 있다.

무 마트 왼쪽에 '동헌 관아 자리' 표지석이 세워져 있습니다. 설명문을 보면 '조선조 금천현의 치소治所인 동헌東軒 자리이며 정조 대왕이 능행할 때 행궁으로도 사용하였다 함'이라고 적혀 있습니다. 잘 보이는 곳에 표지석을 세워두었습니다. 이곳에 정조가 수원 화성으로 행차하는 길에 묵었던 행궁이 있었습니다. 지금의 시흥5동 주민센터 근처입니다. 은행나무 마트 오른쪽에는 은행나무 사거리와 연결되는 직선도로가 보입니다. 이 도로가 옛 관아 앞에 있었던 큰 길로 추정됩니다.

행궁 관련 기록을 『신증동국여지승람』에서 찾아보았습니다. "행궁 만안교萬安橋의 남쪽 안양 언덕에 있다", "만안교 안양천에서 수원으로 통하는 대로에

옛 시흥의 중심부였던 은행나무 사거리에는 시흥현령 선정비가 있다.

있다"고 나와 있습니다. 〈시흥 지도〉에도 행궁 앞쪽으로 큰 길이 표시되어 있습니다.

지도를 더 보겠습니다. 노량진 옆에 장생현이라 적힌 것이 보입니다. 이곳은 오늘날 전철 7호선 장승배기역 근처입니다. 노량진에서 독산리(독산동)을 거쳐 안양교, 만안교를 지나는 길입니다.

정조가 수원 화성으로 가는 길은 두 갈래였습니다. 남태령을 넘어 과천을 지나 수원으로 가는 길과 시흥을 지나는 길입니다. 정조는 과천에 사도세자를 죽게 한 김약로의 형 김상로의 무덤이 있어서, 그 꼴을 보기 싫어 시흥을 통하는 길을 이용했다고 전해집니다.

다른 한 갈래는, 창덕궁에서 나와 한강에서 배다리를 건넌 다음 용양봉저정龍驤鳳翥亭에서 잠시 쉬었다가 장승백이를 지나 안양교(석수동), 만안교(석수동), 사근참, 지지대고개, 수원 화성을 통하는 길입니다. 이 길을 통하기 위해 정조 19년(1795)에 만안교를 석교로 바꾸고 행궁을 지은 것으로 알려져 있습니다. 이 부분은 뒤에 과천을 이야기할 때 다시 설명하겠습니다.

시흥 동헌 관아자리 은행나무 아래에는 이곳이 옛 시흥의 행궁이 있었음을 알려주는 표지석이 있다.

표지석으로 옛날 향교가 있었던 자리임을 알려준다.

은행나무 사거리에 있는 비교적 아담한 은행나무 뒤쪽으로 4개의 비석이 보입니다. 시흥현령 선정비라는 안내문이 있는데, 19세기 후반에 이곳 현령을 지낸 인물들의 공덕비입니다. 선정비 옆으로 난 길은 '동헌로'라고 불립니다. 시흥5동 836-35번지 일대에 동헌 관아가 있었던 것으로 추정할 수 있습니다. 향교는 시흥5동 263-25번지에 있었던 것으로 보입니다. 근처 길을 '향교로'라고 부르며, 길가에 '향교가 있었던 곳'이라는 안내문도 있습니다.

지금의 금천구청은 안양천변 금천구청역(전철 1호선) 옆에 있지만, 옛 시흥(금천)의 중심부는 시흥5동입니다. 은행나무 사거리와 시흥5동 주민센터 일대에 행궁, 관아 시설, 향교 등이 있었습니다. 지금은 시흥대로가 가장 큰 길이지만, 원래 있던 옛 길은 은행나무 사거리를 지나는 독산동길입니다. 이 길에 중앙시장이 있었고, 지금은 남문시장이 있습니다.

은행나무 사거리에서 오른쪽에 시흥현령 선정비와 은행나무가 있다.

금천구를 다니다 재미있는 지명을 하나 발견하였습니다. 버스정류장 이름이 '말미고개(말뫼고개)'였습니다. 독산초등학교, 홈플러스, 구로소방서 독산 119안전센터 근처에서 발견하였습니다. 『서울지명사전』에서 찾아보니, 마을 근처에 있는 산이 말처럼 생겨서 나온 지명이라고

옛 지명이 그대로 남아 버스정류장 이름이 말미고개이다.

합니다. 지나가던 길손이 이곳에서 말에게 여물을 먹였다고 합니다. 옛 길의 주요 경로라고 생각할 수 있겠습니다.

흥선대원군의 별장이 있었던 곳

시흥 5동 220-2번지에 흥선대원군 별장 터가 있었다.

표지석만이 옛날 흥선대원군 별장이 있던 터였음을 알려준다.

시흥 5동 220-2번지에 흥선대원군 별장이 있었다는 이야기를 듣고, 그곳을 찾아가 보았습니다. 좁은 길을 찾아가니, 탑동초등학교 뒤편이 나왔습니다. 이곳에 허름해보이는 아파트가 있었고, 그 앞에 흥선대원군 별장이 있었다는 표지판이 나왔습니다. '고종의 생부 흥선대원군이 지은 별장 터. 현재는 철거되었으나 1985년까지 서울 대가大家의 전형적인 정원과 담장이 특유의 아름다움을 간직하였다'고 되어 있습니다.

지금은 그 흔적을 쉽게 찾을 수 없습니다만, 예전에는 삼성산 아래 경치 좋았던 동네가 시흥이었습니다. 지금 보이는 건물이 모두 없다고 상상해 보았습니다. 삼성산이 잘 보이는 경치 좋은 곳이 아니었을까 느껴졌습니다. 별장 터에서 내려가는 골목은 복개도로로 추정되는데, 예전에는 이곳에 물이 흘렀을 것입니다. 삼성산이 잘 보이고 물이 흐르는 곳, 별장이 들어설 만하다는 생각이 들었습니다.

별장 터 뒤편에 보이는 아파트에는 굴뚝이 보이는 게 특이했습니다. 난방용이었는지 쓰레기 소각용이었는지는 잘 모르겠습니다만, 사람이 올라갈 수 있게 사다리가 붙어 있는 오래된 굴뚝이었습니다. 지금은 사용하지 않는 것처럼 보였는데, 예전의 아파트는 이런 큰 굴뚝이 있었던 모양입니다. 아파트도 지은 지 오래되어 보였는데, 벽에는 현대現代라고 적혀 있었습니다. 예전 현대아파트였나 봅니다. 대원군 별장

흥선대원군의 별장 터 뒤편으로 아파트 굴뚝이 보인다.

표지석은 이곳이 강희맹이 살면서 농업 전반에 관한 『금양잡록』을 저술하던 곳임을 알려준다.

시흥 4동 807-14번지는 조선 초 문인화가로 좌찬성을 지낸 강희맹이 살았던 곳이다.

터가 있던 곳이 오래된 아파트, 재래시장, 연립주택이 들어선 지역으로 바뀌었습니다.

다소 허전한 마음에 골목을 거닐다 보니 순흥안씨양도공파묘역이 나왔고, 좀 더 가보니 주민센터 근처인 시흥 4동 807-14번지에 '강희맹 살던 곳'이라는 표지판이 보였습니다. 동도슈퍼 맞은 편 빌라 입구에서 찾을 수 있었습니다. 이곳에서 농업전반에 관한 책, 『금양잡록』을 저술했다는 설명이 적혀 있었습니다.

서울대학교가 자리하기까지

이제 읍치 주변을 살펴봅시다. 관악산을 등산하다보면, 삼성산 아래 삼막사를 만나게 됩니다. 이는 성인 세 명이 움막을 짓고 있었다 해서 붙여진 이름입니다. 삼막사 오른쪽 아래에는 호암과 호압사가 표시되어 있습니다. 『신증동국여지승람』에는 "호암산虎岩山 현 동쪽 5리 지점에 있다", "범 모양과 같은 바위가 있으므로, 이름이 되었다", "금 천 동쪽에 있는 산의 우뚝한 형세가 범 이 가는 것 같고, 또 험하고 위태한 바위 가 있는데, 호암虎岩이라 부른다"고 적혀 있습니다.

호암산은 관악산과 삼성산이 연결되 어 있는 산입니다. 관악산에 화기火氣가 세서 광화문에 해태를 만들었다, 숭례 문 앞에 연못(남지南池)을 만들었다, 관악

호암산으로 가는 입구이다.

서울대 교수회관에서 바라본 관악산 정상의 모습이다.

산은 음기陰氣가 센 산이라 남학생들이 기를 못 편다, 등등의 이야기가 많습니다. 관악산이 불 화火모양으로 보이긴 합니다. 그리고 서울대 교수회관에서 관악산 정상을 바라보면 여인의 신체와 닮긴 했습니다. 여자 후배가 "그렇지 않느냐"고 말해서 다시 보니, 음기가 강해 보이긴 했습니다. 기운을 누르기 위해 탑을 쌓기도 하고, 절을 짓기도 합니다. 호암산의 형국이 한양을 향해 달려가는 형세라, 이곳에도 호압사虎壓寺를 짓고 탑을 세웠다는 이야기 정도만 알고 있습니다.

서울대가 이전하기 전에 이곳에 골프장이 있었음을 알 수 있다.

삼막사 왼쪽을 보면 자하동, 신림리, 봉천리가 표시되어 있습니다. 신림동, 봉천동은 일제강점기에 생긴 동네인 줄 알았는데, 1872년 〈조선후기 지방 지도〉에도 등장하네요. 이곳은 1975년에 서울대가 들어섰습니다. 자하동의 '동洞'은 본래 골짜

서울대 교수회관은 예전 골프장 클럽하우스가 있었던 자리이다.

기를 일컫는 말입니다. 지금 서울대 안에는 자하연이란 연못이 있습니다.

서울대가 이전하기 전에는 골프장이 있었습니다. 서울대 교수회관이 옛 골프장 클럽하우스였습니다. 제가 대학 다닐 때만 해도 사범대학에서 기숙사 가는 방향에 모래가 있어 씨름을 하기도 했습니다. 주변은 잔디인데 그곳만 모래가 있어 이상하다고 생각했는데, 나중에 알고 보니 이곳이 그린Green 옆에 붙은 벙커Bunker였더군요.

교수회관 옆에는 국수와 해장국을 파는 솔밭식당이 있습니다. 예전에는 기사식당이라 불리기도 했습니다. 기사식당이라 불린 이유를 생각해보니 골프 치는 사장님은 클럽하우스에서, 운전기사는 이 기사식당에서 밥을 먹은 거지요. 식당 할머니께 언제부터 이곳에서 장사를 하셨는지 여쭈어 보았더니, 1968년부터라고 하였습니다. 서울대가 이곳으로 오기 전부터 있었던 거지요.

예전에 골프장이었다는 것은 시가지화되지 않은 지역 즉, 교외였다는 의미입니다. 시흥군 동면이었던 오늘날 관악구가 서울시에 편입되고, 서울대가 오기 전까지 이곳은 변두리였습니다. 1960년대에는 해방촌

서울대 교수회관 옆에는 1968년부터 국수와 해장국을 파는 솔밭식당이 있다.

낙성대공원에 세워진 강감찬 장군 동상 뒤로 관악산이 보인다.

철거민, 청계천의 옛 주민, 이촌동의 수해민들이 이주한 동네였고, 판자촌을 형성하고 있었습니다. 서울대가 이전하고 아파트가 생겨나면서 남부순환도로와 전철 2호선이 개통(1984년)되었고, 주민 구성도 많이 바뀌었습니다.

전철 2호선 서울대입구역 다음이 낙성대역인데, 저는 처음 서울에 왔을 때 낙성대도 대학 이름인줄 알았습니다. 하늘에서 별이 떨어진 터, 낙落성星대臺였습니다. 『증보문헌비고』에 "한 사신이 있어서 밤에 시흥군에 들어오다가 큰 별이 인가人家에 떨어지는 것을 보고 아전을 보내서 보도록 하였다. 마침, 그 집 며느리가 사내 아이를 낳았다. 사신이 이상히 여기고 아이를 가져다가 길렀는데, 이가 강감찬이라. 뒤에 송宋나라 사신이 보고, 저도 모르는 중에 재배하면서, 문곡성文曲星이 오랫동안 보이지 않더니, 지금 여기에 있다"는 기록이 나옵니다. 고려 현종 때 거란 군사를 물리친 장군이 강감찬姜邯贊이었고, 시호가 인헌仁憲이었습니다. 낙성대 공원 근처 초등학교가 인헌초등학교이고, 관악구 축제 이름이 인헌제입니다.

여의도는 옛 비행장이 있었던 곳

다시 지도로 돌아갑시다. 지도에서 왼쪽 아래를 보면, 영등포, 당산리, 선유봉, 신길리가 보입니다. 앞에서도 이야기 했듯이 일제강점기에 시흥의 중심부는 영등포였고, 처음 한강 남쪽이 경성부에 포함된 지역도 영등포와 여의도 지역이었습니다.

여의도공원을 가보면 아주 깁니다. 이곳에 비행장이 있었기 때문입니다. 활주로였던 곳이 지금은 여의도공원이 되었습니다. 1916년에 간이착륙장으로 처음 만들어진 곳입니다. 1922년 12월에는 우리나라 최초 비행사 안창남이 시범비행을 했는데 이때 5만 명이 여의도에 구경나왔다고 합니다. 이 당시 최고 스타는 하늘에는 안창남, 땅에는 자전거 레이서 엄복동이었습니다. 여의도 비행장은 일본, 한국, 만주를 연결하는 거점으로 활용되다가, 1953년에 국제공항이 되었습니다. 1958년에 김포공항이 국제공항으로 지정되면서 공군기지로만 사용되다가, 1971년에 폐쇄되었습니다. 여의도 근처에 공군회관도 있고 보라매공원도 있습니다. 보라매공원에는 1958년에서 1985년까지 공군사관학교가 있었습니다.

6.25 사변 전 여의도 비행장 모습

1930년대 영등포역 앞

개발 전 여의도의 모습(영등포구청 제공)

국회의사당

여의도공원

여의도 63빌딩에서 보면, 선유도공원과 밤섬 등 서울 풍경이 한눈에 들어온다.

예전에 경성방직공장이었던 곳이 오늘날 나무그늘 카페로 활용되고 있다.

　여의도에서 홍수 때도 침수되지 않았던 곳이 양말산입니다. 현재 국회의사당 자리입니다. 조선시대에는 목장이었습니다. 밤섬과 여의도는 서로 붙어 있을 때도 있었고, 비가 많이 오면 갈라지기도 하였습니다. 여의도는 완전 고립된 섬이 아니었습니다.

　여의도는 한강개발 계획에 의해 완전히 바뀌었습니다. 여의도 건설공사가 시작된 것은 1967년, 벚꽃으로 유명한 윤중제가 만들어진 것은 1968년, 국회의사당이 건설된 것은 1975년이었습니다. 그후, 국회의사당, 전경련회관, 증권거래소, 방송사, 고층 아파트단지가 들어섰습니다. 처음에는 대검찰청, 대법원도 이곳에 들어설 예정이었다고 합니다. 공사에 필요한 자재는 밤섬과 선유봉에서 충당하였습니다.

여의도도 영등포구에 속하는 지역입니다. 영등포는 일제강점기에 만들어진 공업지역입니다. 영등포역 근처 영등포소방서 맞은편의 타임스퀘어 빌딩은 경성방직공장이 있었던 곳입니다. 타임스퀘어 뒤쪽에 있는 나무그늘 카페에 가면, 건물에 관한 설명을 볼 수 있습니다. 이곳이 공장이었을 알리는 안내판이 있습니다. 영등포 공원에는 일제강점기에 조선맥주주식회사 공장이 있었습니다.

〈시흥 지도〉에서 왼쪽 아래를 보면, 구로리와 가리봉이 보입니다. 영등포구와 인접한 구로구는 아홉 노인이 장수한 곳, 구로九老에서 따온 지명, 구로리에서 유래하였습니다. 공단과 쪽방촌이 있던 지역입니다. 지금은 전철 2호선 구로공단역이 구로디지털단지역으로 바뀌었습니다. 공단이 디지털단지로 변하였고, 산업구조 재편으로 여의도와 비슷한 분위기를 풍깁니다.

3. 관악산에서 옛 과천을 찾다

|옛 지도로 보는 옛 과천 일대|

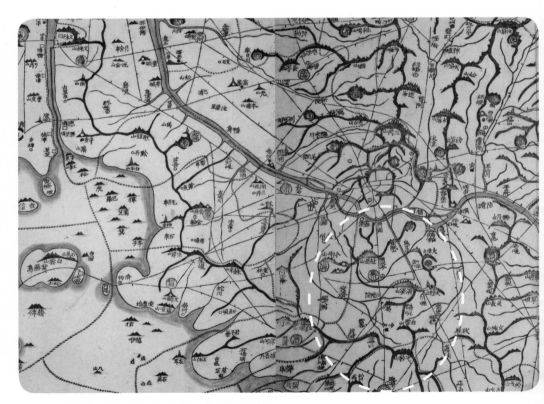

대동여지도 13첩, 1861년, 서울대 규장각 한국학연구원 소장

| 오늘날 과천 일대 |

서울시 서초구 · 동작구 · 관악구 · 강남구
경기도 과천시 · 안양시

옛 과천은 노량진과 동작진을 통해 한강을 건너고,
남태령을 넘어 수원가는 길에 있었다.

옛 과천의 경계를 찾아서

앞부분에서 옛 시흥을 살펴보았습니다. 시흥 동쪽에 위치한 군현이 과천입니다. 과천은 경상도, 전라도, 충청도로 가는 주요 경로였습니다.

지금은 한강을 다리로 건넙니다만, 조선시대에는 나루를 통해 건넜습니다. 고속도로가 생기기 전, 옛 길은 노량진이나 동작나루를 건너 경기도로 향했습니다. 남대문을 나와 청파역을 지나 한강에 도착했습니다. 동작진과 과천을 지나면 천안, 공주, 전주, 진주, 통영으로 향하는 길이었습니다.

과천을 이야기하기 전에, 1872년에 작성된 《조선후기 지방 지도》 중에서 〈과천 지도〉를 함께 봅시다. 지도의 오른쪽에 보이는 곳은 한강입니다. 과천은 노량진과 동작진을 통해 한강을 건넌 다음, 남태령을 넘어 수원 가는 길에 위치한 고을입니다. 과천의 중심부는 현재의 과천시 관문동, 문원동, 중앙동 일대입니다.

〈과천 지도〉를 보면, 위쪽에 관악산이 보이지요? 아래쪽에는 청계산, 왼쪽

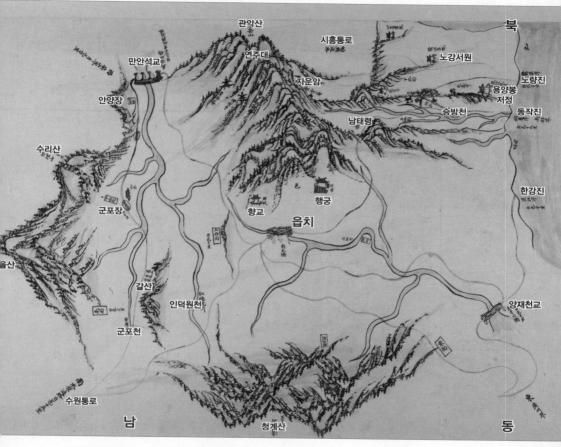

북

관악산
시흥통로
노강서원
만안석교
연주대
노량진
자운암
용양봉
저정
안양장
동작진
승방천
남태령
수리산
한강진
행궁
군포장
향교
읍치
을산
양재천교
갈산
인덕원천
군포천
수원통로
남
청계산
동

과천 지도(조선후기 지방 지도), 1872년, 서울대 규장각 한국학연구원 소장

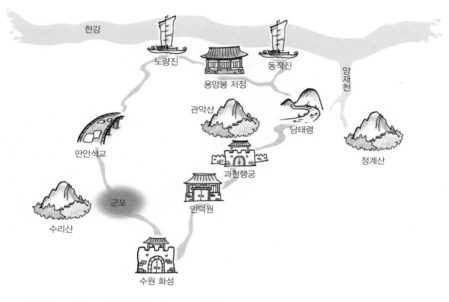

한강
노량진
용양봉 저정
동작진
양재천
관악산
남태령
만안석교
정계산
군포
과천행궁
수리산
인덕원
수원 화성

수원 화성으로 가는 두 길과 옛 과천 중심부를 보여준다.

에는 수리산, 오른쪽에는 한강이 보입니다. 『신증동국여지승람』제8권 「경기」에서 조선 초 대문장가였던 변계량卞季良 시인은, "관악과 연하여 평야를 둘렀고, 물은 청계로 내리어 큰 하수로 들어간다"고 표현하고 있습니다. 관악산이 과천의 진산입니다. 관악산 아래 자리 잡은 고을이라 동서남북을 상관하지 않고, 관악산을 위쪽에 크게 그렸습니다. 아래쪽의 청계산은 일명 청룡산靑龍山으로 불리기도 하였습니다.

〈과천 지도〉에서 보면 관악산, 청계산, 수리산, 한강이 조선시대 과천의 경계가 되었음을 알 수 있습니다. 현재 경기도의 과천시, 안양시와 서울시의 강남구, 서초구, 동작구, 관악구의 일부지역이 조선시대 과천현의 범위에 해당합니다. 조선시대에는 독립된 군현이었지만, 일제강점기인 1914년에는 과천군과 안산군이 시흥군에 통폐합됩니다. 조선시대에는 과천이었다가 1914년에는 시흥군이 된 지역의 일부가 1963년 1월 1일 서울특별시에 포함됩니다. 1975년 강남구가 영등포구에서 분리되어 새로 만들어졌고, 1988년에 서초구가 강남구에서 분리됩니다. 1980년에 동작구가 관악구에서 분리되었습니다. 동작구는 동재기나루, 동작나루 때문에 생긴 이름입니다. 조선시대 시흥과 과천이 섞여 있습니다. 노량진동 일부, 흑석동, 동작동, 사당동 등은 과천 땅이었습니다.

　지도에서 오른쪽 한강변으로 노량진과 동작진이 보이지요? 한강까지 과천 땅에 속하는 것을 알 수 있습니다. 『택리지』에 보면 "水原北(수원북) 則果川 (즉과천) 自果川北行 十五里(자과천북행십오 리) 則爲銅雀津(즉위 동작진) 渡江而北十五 里(도강이북십오리) 則 爲京城南門(즉위경성 남문) - 수원 북쪽은 과 천이고, 과천에서 북쪽 으로 15리를 가면 동작 나루가 된다. 그리고

용양봉저정은 정조가 사도세자의 능을 참배하러 가는 길에 들렀던 곳이다.

강을 건너 다시 북쪽으로 15리쯤 가면 서울 남문이 된다"고 나와 있습니다.

〈과천 지도〉에서 노량진과 동작진 사이에 그려진 용양봉저정은 정조가 한강에서 배다리를 건넌 다음, 수원 화성의 현륭원으로 능행 가는 길에 쉬어가던 곳입니다. 『증보문헌비고』에서 "행궁 노량도 남쪽 언덕에 있는데, 용양봉저정이라 불렀으며, 나루 건너 행차할 때 여러 임금들이 잠시 머물렀으므로 좌우에 배다리와 별장소가 있었다"는 기록으로 등장하는 행궁이 용양봉저정입니다. 현재 동작구의 상도터널 옆에 건물이 복원되어 있습니다.

한강대교는 노량진 부근에 있다.

한양의 관문이었던 노량진

오늘날 노량진 부근에는 한강대교가 있습니다. 옛 교통의 요지에 한강 인도교, 제 1한강교가 생겼습니다.

노량진은 조선시대부터 계속 교통의 중심지였습니다. 경인선도 처음에는 서울역이 아니라 노량진에서 인천까지 연결되었습니다. 한강철교가 생긴 이후에 강북의 서울역, 용산역으로 연결되었습니다. 한강에 인도교와 철교가 생기면서 강북과 강남이 더 쉽게 연결되었습니다.

한국 전쟁 당시 한강대교에 관한 이야기는 다들 아는지요? 우리 국군이 이기고 있으니 국민들은 안심하라는 이승만 대통령의 성명이 라디오에서 나올 때, 대통령은 경부선 대전역을 통과하고 있었습니다. 그때 한강 인도교(현재의 한강대교)는 끊어져, 다리를 건너던 피난민들은 한강에 빠져 죽었다고 합니다. 이후, 다리를 폭파했던 현장 담당 장교만이 국민들의 원망을 한몸에 안고 사형을 당했다고 하는데, 저도 들어서 알고 있는 정도입니다.

한강대교 제1한강교 연혁

'왜 한강대교를 끊었나' 하는 생각이 들었습니다. 서울의 역사 지리를 공부하기 전에는 이해하

한강대교를 지나가다 보면 군인 동상을 볼 수 있다.

지 못하였습니다. 왜 한강 남쪽에 사는 사람들은 서울시민이 아니었는지 말입니다. 알고 보니, 서울의 경계가 한강이었으니까 그랬던 겁니다. 한강 북쪽만 서울이었으니까요. 현재 서울을 생각하면 안 된다는 걸 알았습니다. 지금도 한강대교를 지나가다 보면 군인 동상이 보입니다. 이 일대가 서울의 관문

동작동 국군묘지관리사무소는 1955년 설치되었고, 1965년 국립묘지로 승격되었다. (『사진으로 보는 서울3』 서울시 사편찬위원회, 2005년)

역할을 하였습니다.

노량진 근처에 장승백이, 장승배기 등의 지명이 남아 있습니다. 마을 입구에는 장승이 세워져 있습니다. 장승은 이정표 역할도 합니다. 그런데 장승은 민간신앙이니까 도성 안에는 세우지 못합니다. 그래서 도성과 가깝고 강만 건너면 한양에 도착할 수 있는 노량진에 장승이 세워졌습니다. 노량진 장승백이는 '변강쇠 이야기'와 관련이 있습니다. 하루는 변강쇠가 온갖 못된 짓을 하다가, 장승을 잘라 땔감으로 사용했습니다. 그래서 전국의 장승 대표들이 변강

쇠를 어떻게 혼내줄까 회의를 했는데, 그곳이 바로 노량진 장승백이라고 합니다. 도성과 가장 가까운 이곳의 장승이 전국을 대표했다고 합니다.

〈과천 지도〉에 나오는 노강서원은 현재 우리는 볼 수 없습니다만, 당시 노량진 앞이 노강鷺江 또는 노들강이라 불렀기에 이 명칭을 사용하였습니다. 숙종대 문신 박태보를 배향한 서원이었는데, 1695년에 만들어졌으나 1925년 홍수 때 떠내려갔습니다. 1969년에 경기도 의정부시에 다시 만들었습니다.

미아리도 그렇지만, 이 일대도 한양이 아닌 외곽이므로 묘지가 들어섰습니다. 노량진에 사육신묘가 있고, 동작동에는 국립묘지가 있습니다. 국립묘지는 한국전쟁 이후인 1955년에 국군묘지관리사무소가 설치되었다가, 1965년에 국립묘지로 승격되었습니다. 노량진 수산시장은 1927년에 서대문 근처 옛 칠패 시장에 있던 경성수산물주식회사가 1975년 4월에 지금 있는 곳으로 이전하였습니다.

동작진과 한강진

옛 지도에 나온 길을 살펴보겠습니다. 시흥을 설명할 때, 정조가 수원 화성을 가는 길이 두 갈래였다고 하였습니다. 〈과천 지도〉에는 북쪽 노량진에서 나온 길을 따라 관악산 옆쪽을 보면 '시흥통로始興通路'라고 적혀 있습니다. 관악산 뒤쪽을 지나 왼쪽 위를 보면 만안석교가 보입니다. 만안석교에서 아래로 연결되는 길이 보이지요? 지도에는 왼쪽 아래에 '수원통로水原通路'라 적혀 있습니다. 이 길이 노량진-시흥-만안석교-안양-수원 화성을 통하는 길입니다.

노량진에서 나온 길 하나는 시흥으로 연결되지만, 다른 하나는 동작진에서 나온 길과 연결됩니다. 〈과천 지도〉에서 보면, 동작진에서 나온 길은 남태령과 연결됩니다. 전철 4호선 사당역에서 남쪽으로 가는 노선을 보면, 남태령, 선바위, 경마공원, 대공원, 과천, 정부과천청사, 인덕원 등이 등장합니다. 〈과천 지도〉에서는 남태령을 지나 과천·수원을 지나 경상도, 전라도, 충청도로 연결되는 대로大路입니다.

읍치 왼쪽에 그려진 하천이 인덕원천입니다. 그 경로에 위치한 원이 인덕원입니다. 인덕원천 왼쪽을 보면 군포천, 군포장, 수리산, 안양장, 만안석교 등이 등장합니다. 현재 과천시의 동남쪽에 안양시, 군포시가 위치하는데, 옛 중심부가 표시된 것으로 생각하면 됩니다.

우면산에서 바라본 1972년(위)과 1996년(아래)의 서초구 전경이다.
(『과거로부터 현재까지 서초전』 서초구청, 2010년)

다시 한강변을 살펴보겠습니다. 동작진 아래에 한강진이 보입니다. 한강진은 한남대교 근처로 보면 됩니다. 〈과천 지도〉에서는 동작진에서 한강진 사이를 여백으로 남겨 놓았습니다. 이 부분이 오늘날 서초구입니다. 1970년대 초반 우면산에서 서초 일대를 찍은 사진에서는 지금처럼 아파트가 보이지 않고 논밭만 보입니다. 서초동이란 지명도 서리풀이 무성하여 상초리霜草里라 불렸던 데서 따왔습니다. 그 유래를 따서 만든 공원이 서리풀공원입니다.

과천이 1914년에 시흥군에 통폐합되었고, 1963년 1월 1일에 서울시에 포함되었으니까, 이곳은 옛 경기도 시흥군에 속하였습니다. 반포, 양재에서 사당, 봉천, 신림동부터 소래포구 맞은 편 전철 4호선 오이도역으로 알려진 오이도까지 모두 〈경기도 시흥군 관내도〉에 등장합니다. 서울에 편입되기 전에는 경

1910년에는 뽕밭이었던 고속터미널 주변의 옛 모습이다. (대한잠사회 제공)

기도 시흥군 신동면이었습니다. 1962년까지 시흥군 신동면 면사무소는 현재의 전철 3호선 양재역, 서초구청 맞은 편에 있었습니다. 서초동은 대법원 등 법조단지가 생기기 전까지 비닐하우스가 많았던 지역이었습니다.

서초동 옆은 반포동입니다. 포浦가 들어가는 지명에서 알 수 있듯이, 반포는 강 가이고, 비가 많이 오면 쉽게 침수되는 지역입니다. 1974년 7월 3일에 반포동에 한강홍수통제소가 개소되어, 지금도 유지되고 있습니다. 모래사장, 늪지대였던 이 일대에 대규모 아파트단지가 들어섰고, 지금은 사교육 중심지가 되었습니다. 1980년에 고속버스터미널이 완공되면서, 벌판이었던 곳은 교통의 중심지가 되었습니다.

뽕나무가 자라던 마을, 잠원동

서초동 옆이 잠원동입니다. 한강에는 시민공원이 많은데, 그 중 하나가 잠

잠원나루터 표지석은 잠원수영장 근처에 있다.

원 한강시민수영장입니다. 잠원수영장 입구에는 잠원나루터 표지석이 세워져 있습니다. '한남대교 북단 한강진에서 말죽거리 원지동을 거쳐 충청 호남 영남 등 삼남지방으로 연결되는 교통의 요충지'라는 설명이 적혀 있습니다. 수영장 옆에는 누에를 형상화한 모형물이 있습니다. 잠원蠶院의 '잠'은 '누에 잠'입니

누에를 형상화하여 만든 한강 잠원 누에체험 학습장이 재미있다.

다. 조선시대에는 이곳에 국립 양잠소 격인 잠실도회가 설치되었다고 전해집니다. 잠원동이 조선시대에는 경기도 과천군 상북면 잠실리와 사평리로 불렸습니다. 1914년 이후에는 시흥군 신동면 잠실리였다가, 1963년 이후부터 서울시 잠원동이 되었습니다. 잠실리였는데 송파구 잠실과 구분하기 위해 잠실의 잠과 신동면 신원리의 원을 합해 잠원으로 부르게 되었다고 전해집니다.

이 일대는 뽕나무가 많았고 누에치기가 번성하였습니다. 2010년 서초구청에서 발행한 『과거로부터 현재까지 서초전』을 보면, 1910년 현재 고속터미널 주변이 뽕밭이었음을 보여주는 사진이 있습니다. 서울특별시 기념물 1호가 잠원의 뽕나무였음을 알 수 있습니다. 남산(목멱산)이 누에머리 모양을 닮았고

전철 2호선 방배역 근처에 효령대군의 사당인 청권사가 있다.

누에 먹이가 되는 뽕이 많아야 하기에, 잠원과 잠실에 뽕나무를 심은 것으로 이 자료집은 설명하고 있습니다. 제 생각에는 풍수적 맥락도 있지만, 인공섬유가 나오기 전에는 누에로 의복을 만들어야 했으니 뽕나무가 많이 필요했을 듯합니다. 그래서 서울 인근에 뽕나무를 심을 만한 적당한 장소를 찾았고, 이 일대가 가장 적당하지 않았을까 싶습니다.

방배동의 배背는 '등, 등지다'의 뜻입니다. 그래서 방배동의 마을 이름 유래는 '우면산을 등지고 있는 고을', '한강을 등진 모서리', '양녕대군이 세종에게 세자 직위를 넘겨주고 한강을 등지고 남으로 내려갔다' 등에서 나왔다는 설이 있습니다. 그러나 어느 것이 가장 정확한지는 판단하기 쉽지 않습니다. 전철 2호선 방배역 근처에는 효령대군의 사당인 청권사가 자리하고 있습니다. 〈과천 지도〉에서 동작진 왼쪽으로 승방천僧房川이 보입니다. 하천변에 농사짓는 땅이 있었고, 사당동 우성아파트 근처가 승방평僧房坪으로 불렸습니다. 지금은 복개된 사당천이 아마 이 하천이 아닐까 생각됩니다.

사람은 걸어서 남태령고개를 남겼다

과천 중심부에서 한강 방향으로 흘러가는 하천 위에 양재천교가 보입니다. 관악산에서 발원하는 양재천입니다. 양재천은 송파구와 강남구를 나누는 탄천과 합류됩니다. 서울의 하천은 모두 한강으로 흘러 들어갑니다. 강북에는 동쪽의 중랑천, 서쪽의 홍제천(사천)이 있고, 강남에서 안양천(도림천)과 양재천(탄천)이 한강으로 들어갑니다. 안양천과 양재천은 모두 관악산에서 시작되고, 강북의 중랑천과 홍제천은 북한산에서 발원합니다. 북한산과 대비되는 한강 이남의 산이 관악산입니다.

한강 남쪽에 있는 큰 산이 관악산이고, 관악산의 동북쪽에 있는 산이 우면산입니다. 우면산은 소가 누워 자는 모습과 닮았다 하여 붙인 이름이라고 전해집니다. 우면동은 예전에 비닐하우스가 많았던 곳이고, 우면산 일대는 현재 우면산 자연생태공원으로 조성되어 있습니다.

서울 사당역에서 과천을 가다보면 수도방위사령부와 남태령고개를 만납니다. 남태령은 관악산과 우면산 사이에 있는 고개입니다. 서울 사당사거리에서 과천가는 길에 있는 고개입니다. 이 고개가 현재 서울과 경기도 과천의 경계

한강 동남쪽에 있는 우면산은 예전에 비닐하우스가 많았으나, 오늘날에는 우면산 자연생태공원으로 조성되었다.

입니다. 현재 도로 중앙에 남태령南泰嶺이라고 크게 쓴 비석이 보입니다. 그 근처에 남태령 옛길을 설명하는 비석이 세워져 있습니다.

　고개는 자연지명이 아니라 길입니다. 지도를 보거나 여행을 하다 보면, 고개가 붙은 이름을 종종 만납니다. ○○고개古介, ○○재岾, ○○령嶺, ○○현峴이라고 붙은 지명은 고개를 일컫는 말입니다. 고개를 넘으려면 힘이 듭니다. 그래서 깔닥고개란 말도 있지 않습니까? 고개를 지나려면 일단 오르막을 한참 가야 하고, 고갯마루에 서면 새로운 풍경이 눈앞에 나타납니다. 자연 지리적으로 보면, 이쪽과 저쪽을 나누는 능선 상에 있습니다. 그러나 산의 모든 능선에 고개란 이름이 붙지는 않습니다. 고개란 이름이 붙는 것은 길 때문입니다. 능선의 가장 낮은 부분을 사람들이 지나다니면서 붙게 됩니다. 고개는 자연 지명이 아니라 길의 일부로 생각해야 합니다. 사람들이 가니까 그 고개에 이름이 붙은 것이고, 길이니까 의미가 있습니다.

남태령비석에서 충청, 경상, 전라로 통하는 옛 길의 흔적을 볼 수 있다.

남태령을 지나면 서울대공원(서울랜드), 서울경마공원, 국립현대미술관, 과천과학관 등이 나옵니다. 2010년 12월에 과천 서울대공원에서 가출한 말레이시아 곰이 청계산으로 들어갔습니다. 왜 청계산으로 갔을까요? 지리에 그 답이 있습니다. 청계산은 성남, 과천, 의왕, 서울시 경계에 있는 산입니다. 청계산 아래에 서울대공원을 조성했습니다. 아주 가끔, 저에게 청계산이 청계천에 있는 거냐고 묻는 사람도 있습니다. 그냥 웃고 말아야지요.

서울대공원을 지나면 옛 과천의 중심부인 과천시 문원동과 중앙동이 됩니다. 과천정부종합청사 부근이 옛 과천 중심부입니다. 과천시 중앙동에 있는 과천정부종합청사는 수도권의 인구분산과 정부의 중앙업무 분산을 목적으로, 1982년 12월에 설립되었습니다. 앞으로 과천정부종합청사에 있던 중앙행정

관악산 연주대 근처에는 연주암이라는 사찰이 있다.

기관이 세종시로 이전하면, 과천은 어떻게 바뀔지 자못 궁금합니다.

관악산 아래 연주대 근처에는 연주암이라는 유명한 사찰이 있습니다. 연주대에는 지금 누각이 세워져 있지만, 원래 대臺의 의미는 절벽, 명승지입니다. 관악산 정상 부근이 되는 곳입니다. 연주대 오른쪽에 있는 자운암은 서울대 신공학관 뒤쪽에 있는 사찰입니다. 서울대 방향에서 관악산을 넘어가면 연주대를 볼 수 있고, 과천 방향으로 가면 과천향교를 만날 수 있습니다.

〈과천 지도〉에서 중심부를 보면 행궁이 표시되어 있고, 왼쪽에는 향교가 그려져 습니다. 과천 방향에서 갈 때는 전철 4호선 과천역에서 내려 6번 출구로

서울대 방향에서 관악산을 넘고, 다시 과천 방향으로 가면 과천향교를 만날 수 있다.

나와 아파트 단지를 지나면 과천중학교가 나옵니다. 과천중학교를 지나 관악산 등산로 입구에 있는 등산객을 위한 음식점 근처에 보면 기와집이 나옵니다. 이곳이 과천향교입니다.

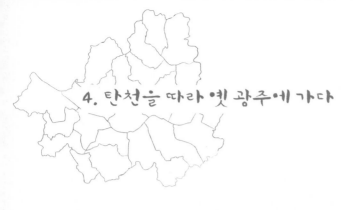

4. 탄천을 따라 옛 광주에 가다

|옛 지도로 보는 옛 광주 일대|

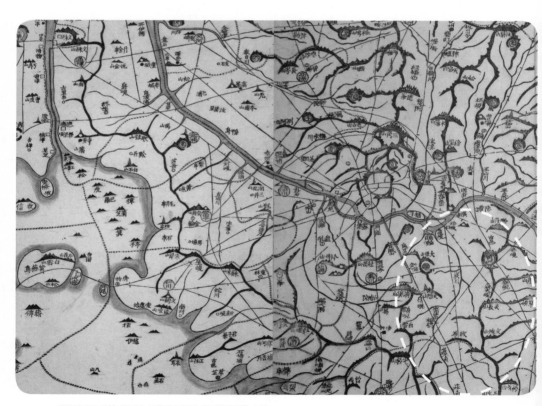

대동여지도 13첩, 1861년, 서울대 규장각 한국학연구원 소장

|오늘날 광주 일대|

서울시 강동구 · 송파구 · 강남구
경기도 광주시 · 하남시 · 성남시

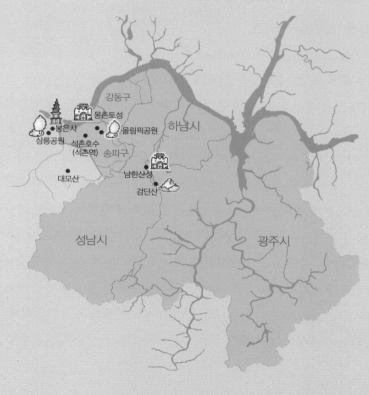

옛 광주는 송파나루와 광나루를 통해 한강을 건너
충주, 문경, 부산으로 가는 길에 있던 군현이었다.

남한산성에서 한강까지

한강 남쪽에 있던 조선시대 군현인 양천, 시흥(금천), 과천을 살펴보았습니다. 이제 동쪽에 있었던 옛 광주 땅으로 가보겠습니다. 광주는 한강을 건너 용인으로 가거나, 이천을 거쳐 충주, 문경, 부산으로 가는 길에 있던 군현이었습니다.

옛 광주 땅에 대한 이해를 돕기 위해, 먼저 남한산성南漢山城을 그린 지도를 보겠습니다. 《동국여도》 가운데 〈남한산성도〉입니다. 서울대 규장각 한국학 연구 소장 지도인데, 19세기에 제작되었습니다. 지도에서 크게 그려진 산성이 남한산성입니다. 한강 남쪽에 만들어진 산성입니다. 인조가 병자호란 때 피난 갔던 곳입니다. 지도 왼쪽에 그려진 강이 한강입니다. 한양 도성에서 남한산성으로 가려면 송파진과 광진을 건너야 합니다. 송파진 옆에 송파창이 보이고, 그 남쪽에는 삼전야三田野가 표시되어 있습니다. 한강변은 농사짓기에 유리한 땅이라는 것이지요. 송파창과 삼전야 사이에 있는 비석이 삼전도비로 보

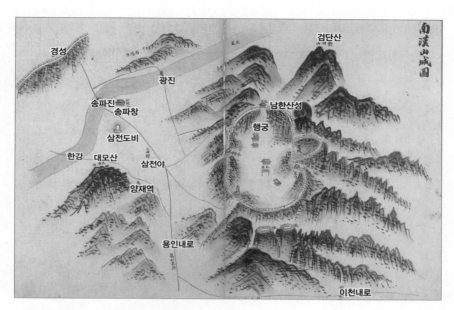

남한산성도(동국여도), 19세기 전반, 서울대 규장각 한국학연구원 소장

입니다. 병자호란 때 조선의 국왕, 인조가 청나라에 항복하였을 때 만들어진 비석입니다. 1639년에 세워진 비석인데, 삼전도 어린이공원에 세워져 있던 것을 2010년 4월 25일에 석촌호수 서호 근처로 옮겼습니다. 비의 정식 명칭은 '대청황제공덕비'입니다. 청 태종에게 인조가 세 번 절하고, 땅에 이마가 닿도록 아홉 번 고개 숙이는 치욕을 당하였습니다. 그때 9층의 수항단受降壇을 쌓고 항복의 예를 올린 장소입니다. 비석에는 여진문자(청나라 문자), 몽고문자, 한자 이렇게 3개 국어로 기록하였습니다.

한강을 건너 양재역을 지나는 길은 용인과 이천으로 연결됩니다. 지도에서 용인내로龍仁來路, 이천내로利川來路는 용인과 연결되는 길, 이천과 연결되는 길이라는 의미입니다.

이제 좀 더 넓게 광주를 보겠습니다. 1872년에 완성된 《조선후기 지방 지도》 중에서 〈광주 지도〉를 봅시다. 전철 5호선 역명 중에 광나루역이 있습니다. 광나루(광진)가 경기도 광주로 연결되는 나루터라는 이야기를 들었을 때는 쉽게 이해되지 않았습니다. 왜냐하면 경기도 광주시만 생각했으니까요. 그런데 이 지도를 보니 이해가 되더군요. 조선시대 경기도 광주는 광주시, 하남시, 성남시뿐만 아니라 현재 서울의 송파구, 강동구, 강남구까지 포함하는 지역이었음을 알 수 있었습니다. 광주는 경계를 벗어나, 경기도 의왕시, 군포시, 화성시, 안산시, 남양주시 등의 일부지역도 월경지(소속읍과 따로 떨어진 곳에 위치한 군현의 특수지역)로 가지고 있었던 넓은 고을이었습니다.

옛 광주 땅을 크게 보면, 남한산성 주변 지역(광주시, 성남시), 한강이 합류되는 지역(하남시), 서울특별시에 포함된 지역(강남구, 송파구, 강동구)등으로 나눌 수 있습니다.

한강 북쪽에는 북한산성, 남쪽에는 남한산성

〈광주 지도〉를 보면, 위쪽에는 한강이 그려져 있고, 가운데에는 산성이 보입니다. 이 산성이 남한산성입니다. 한강 북쪽에는 북한산성, 남쪽에는 남한산성이 들어서 있습니다. 『택리지』에서 경기도 광주에 관한 기록을 찾아보았습니다.

"漢江之南(한강지남) 州治在萬仞山巓(주치재만인산전) 卽古百濟始祖溫祖

목멱산
한강   압구정
        언주면
        양재역 선릉 무동도
              정릉 봉은사 송파진 광진
수리산   삼전도   구천면
        청계산   인릉   중대면
              헌릉
        대왕면   탄천
        판교주막   행궁   고읍기
                          남한산성
        낙생역   도미진
                                    검단산

                                    양수두
                              분원 두물머리
        곤지암주막

광주 지도(조선후기 지방 지도), 1872년, 서울대 규장각 한국학연구원 소장

옛 광주의 주요지점을 알 수 있다.

王古都也(즉고백제시조온조왕고도야) 內夷淺而外峻絶(내이천이외준절) 淸人初
至(청인초지) 兵不留刃(병불유인) 丙子終不能陷(병자종불능함) 仁祖下城(인조
하성) 只以粮少而江華被陷故也(지이량소이강화피함고야) - 한강의 남쪽에 있고
중심지는 만 길이나 되는 산꼭대기 위에 있다. 옛날 백제 시조 온조왕溫祚王의
옛 도읍이었던 곳이다. 안쪽은 평평하고 얕으나 바깥쪽은 높고 험하다. 청나
라 군사가 처음 왔을 때 칼날 하나 대보지 못했고, 병자호란 때에도 끝내 함

192

락되지 않았다. 인조가 성에서 내려온 것은 단지 양식이 부족하고 강화江華가 함락되었기 때문이다."

백제 시조 온조왕이 도읍했던 곳인데, 산성 안에 읍치가 있고 험한 요새라서 청나라 군사가 함락시키지 못했으나, 식량이 부족하고 강화도가 함락되었기 때문에 인조가 성에서 나와 항복했다는 내용입니다.

또 다른 설명으로, "城內則不險(성내즉불험) 而城外山脚帶殺(이성외산각대살) 且重鎭(차중진) 若有事爲必爭之地(약유사위필쟁지지) 故廣州一境不可居(고광주일경불가거) - 성 안은 험하지 않으나 성 밖의 산 밑에는 살기가 감돌고 있다. 또 이곳은 진鎭이기 때문에 만일 사변이 생기면 반드시 전쟁이 나는 지역이다. 그러므로 광주는 가히 거처할 만한 곳이 될 수 없다"는 내용이 나옵니다. 전략적 요충지로서의 광주의 입지를 설명하고 있습니다. 〈광주 지도〉에도 요해처要害處, 매복처埋伏處 등 병자호란 당시 전략적 요충지가 기록되어 있습니다. 산성의 성문이 자세히 나오고 행궁을 비롯한 건물도 표시하였습니다.

조선시대 광주 읍치는 1623년까지는 현재의 하남시 춘궁동 일대였습니다. 이후 1917년까지 남한산성 안 중부면 산성리였고, 1917년 이후부터는 광주시 경안동으로 바뀌었습니다. 지도에서 남한산성 동쪽에 '고읍기古邑基'라고 적힌 곳이 보입니다. 그 옆에는 향교도 보입니다. 이곳이 광주 읍치가 남한산성 안으로 옮겨오기 전의 중심지입니다. 일제강점기에는 중심부가 산성 밖으로 다시 옮겨졌습니다. 오늘날 남한산성은 광주시 중부면 산성리 일대에 있으며, 남한산성 도립공원으로 존재합니다. 남한산성의 북쪽이 현재의 하남시, 남쪽이 성남시입니다. 성남은 남한산성城의 남쪽南이란 뜻입니다.

남한산성 수어장대. 남한산성은 군사적 목적으로 쌓은 산성이다.

광주, 하남, 성남이 행정구역 통합 대상으로 논의되었던 것은 원래 같은 행정구역에 포함되기 때문이기도 합니다. 서울 사람들이 반대해서 실현 가능성은 거의 없지만, 서울의 과밀화도 해소하고 행정구역 개편 효과를 극대화하려면 강남구, 송파구, 강동구도 옛 광주 땅이었으니까 같이 통합하는 방안도 생각해 볼 수 있습니다.

〈과천 지도〉에서 한강에 유입되는 큰 하천이 두 군데 보입니다. 남한산성 왼쪽에 그려진 것이 탄천이고, 아래쪽에 그려진 것이 경안천입니다. 탄천은 용인에서 발원한 하천인데, 우리말로는 숯내입니다. 성남의 옛 지명인 탄리에서 유

탄천은 용인에서 발원한 하천으로 한강에 유입된다.

래한 것으로 알려져 있습니다. 서울에서는 탄천이 송파구와 강남구의 경계가 됩니다. 탄천을 따라 난 도로가 동부간선도로, 분당–장지간 고속화도로입니다.

탄천을 따라 걸어본 적이 있습니다. 아침에 잠실종합운동장에서 출발해 성남모란시장에서 점심을 먹고 돌아왔습니다. '과연 송파, 강남, 성남이 예전에는 같은 행정구역일 수 있었을까' 라는 생각이 들었습니다. 송파구 끝자락에는 청계천 상인을 이동시킨 가든파이브도 보였고, 성남의 서울공항도 만났습니다. 하천이 경계만 되는 것이 아니라 유역권으로 볼 수 있었습니다. 탄천 주변이 하나의 영역권이 될 수 있다는 생각을 했습니다.

조선시대 광주부는 남한강, 북한강이 양수리에서 만나 도성 남쪽으로 흐르는 한강의 남쪽 지역입니다. 〈광주 지도〉에서 오른쪽 아래에 표시된 양수두兩水頭가 두兩물水머리頭, 양수리입니다. 남한강과 북한강, 두 물이 만나는 곳입니다. 이 물을 통해 들어오는 여러 물건이 모이는 장소가 송파장이었던 셈이지요. 양수두 아래 표시된 분원分院의 위치는 경기도 광주시 남종면 분원리인데 사옹원司饔院의 분원分院입니다. 『신증동국여지승람』 제6권 「광주목」을 보면, 특산품으로 자기磁器, 도기陶器가 등장하고 "해마다 사옹원 관리가 그림 그리는 사람을 인솔하고 가서, 궁중에서 쓸 그릇을 감독하여 만든다"는 기록이 나옵니다. 이곳에서 왕실에서 사용할 그릇이나 도자기를 만들었습니다. 광주, 여주, 이천의 도자기축제는 이곳에서 기원하였습니다. 한양과 가깝고 주변에서 땔감을 쉽게 구할 수 있고 뱃길을 통해 쉽게 도성에 도달할 수 있기 때문에, 이곳에 분원을 설치했습니다. 분원백자관, 조선관요박물관, 이천세계도자센터, 이천도예촌, 세계생활도자관 등이 인근에 있습니다.

송파나루와 광나루를 건너면

송파나루와 광나루를 통해 한강을 건너면 옛 광주부가 됩니다. 압구정에서 동쪽으로 한강을 따라 가다보면 삼전도와 송파진이 보입니다. 이 근처에 현재 잠실 롯데월드어드벤처가 있습니다. 놀이 시설이 있고 근처에 석촌호수가 있습니다. 석촌호수 근처에 있던 나루터가 삼전도와 송파나루터입니다.

석촌호수가 송파나루터였다니, 이상하지요? 한강은 지금보다 남쪽으로 흘렀습니다. 을축년(1925) 대홍수 이후로 한강의 본류 흐름이 바뀌었습니다. 석

석촌호수는 송파대로가 개통 된 후 동호와 서호로 분리되었다. 사진은 송파나루터 표지석이 있는 동호이다.

촌호수는 송파대로 개통 후, 동호와 서호로 분리되었습니다. 한때 강이었으니까 호수로 쉽게 만들어졌습니다. 일산 호수공원이나 건대 일감호도 한때 강이 흘렀거나 저습지였으니까, 호수를 조성하는 것이 쉬웠습니다.

을축년 대홍수가 서울에 영향을 많이 주었다는 이야기를 들어 그 흔적을 찾아보았습니다. 송파1동 주민센터 옆에 공원이 있는데요. 그곳에서 을축년 대홍수 기념비를 찾아볼 수 있었습니다.

잠실은 섬이었습니다. 옛 한강의 물은 잠실을 사이에 두고 양쪽으로 흘렀습니다. 아래쪽으로 더 큰 물길이 지나갔습니다. 큰 홍수가 지나가면 하천의 물길이 바뀌기도 합니다. 1925년 을축년 대홍수 이후에는 위쪽으로 더 큰 물

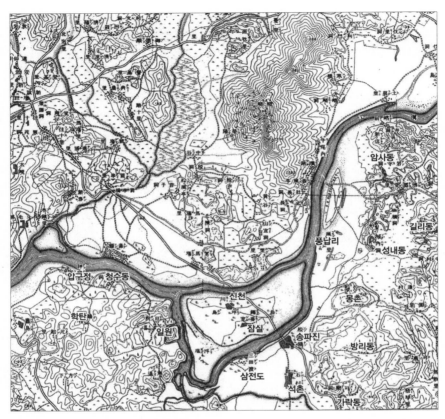

송파진 삼전도 방향으로 흐르던 옛 한강의 모습이 잘 나타나 있다. 현재 한강 주류는 신천으로 표시되었다. (1895년 측정한 잠실 일대 지도, 1911년 발행, 고려대학교 지리교육과 남영우 교수 제공)

길이 지나갑니다. 이 물길이 현재 잠실 북쪽으로 지나는 한강입니다. 옛 물길이었던 곳이 지금의 석촌호수입니다. 옛 물길은 남쪽으로 흘렀기에 잠실은 한강 북쪽의 경기도 양주군에 속한 지역이었습니다. 1914년 3월 1일부터는 경기도 고양군 뚝도면에 편입된 지역이었고요. 그래서 1949년 8월 15일, 서울특별시에 편입될 때는 성동구에 속하였습니다. 앞에 말했듯이, 잠실은 뽕나무 밭, 누에치기, 양잠에서 유래하였습니다. 상전벽해桑田碧海라고, 뽕나무 밭이 푸른 바다가 된 것처럼 지금은 휘황찬란한 도시가 되었습니다.

부리도 표지석이 지금은 육지로 바뀌고 종합운동장이 들어섰지만, 예전에 이곳이 섬이었음을 알려준다.

옛 지형이 바뀌었다는 것을 알 수 있는 또 다른 흔적을 잠실종합운동장 올림픽경기장 앞에서 찾을 수 있었습니다. '부리도'라고 적힌 비석입니다. 정신여고 근처에 있습니다. 부리도 비석은 이곳이 섬이었다는 것을 알려줍니다.

송파나루는 한강나루에 유명한 장터인 송파장이 섰던 곳입니다. 한강 북쪽 경기도의 유명한 장場이 누원(다락원)장이라면, 한강 남쪽 교역의 중심지는 송파장입니다. 장은 교

1925년에 있었던 홍수를 기념하기 위해 세워진 을축년 대홍수 기념비는 송파1동 주민센터 옆 공원에 있다.

송파나루터 표지석이 예전에 이곳이 나루터였음을 알려준다. 을축년(1925년) 이전에는 한강의 주류가 현재의 석촌호수를 지났다. 한강의 유로가 바뀌면서 옛 한강이었던 곳은 호수로 바뀌었다.

역의 장소이자 사람들이 많이 모이는 놀이터이기도 합니다. 옛 소설에 등장하는 놀이패들이 자주 가는 곳이 송파와 양주 다락원입니다.

송파구는 이 송파나루 때문에 생긴 지명입니다. 송파구청 홈페이지에 들어가본 적이 있습니다. 각 구마다 지역을 상징하는 캐릭터가 있는데요, 송파의 캐릭터는 눈썹이 아주 짙었습니다. 송파의 송이 소나무 송松을 쓰고 상징 나무를 소나무로 하니까, 소나무 캐릭터를 눈썹으로 사용했습니다. 재미있습니다. 송파구청 홈페이지에 들어가서 한번 찾아보세요.

백제의 흔적, 서울의 역사가 되다

석촌호수에서 좀 더 동북쪽으로 가면 올림픽공원이 나옵니다. 86아시안게임과 88서울올림픽이 유치되면서 조성되었습니다. 원래 가난한 사람들이 살던 동네였는데, 그들을 내보내고 공원으로 만들어졌습니다. 올림픽공원 조성 당시, 발굴단 총지휘자는 군인이었다고 합니다.

지금은 공원이 자리하지만, 몽촌토성이 있었습니다. 몽촌토성 북쪽에는 풍납토성이 있었습니다. 옛 도시의 초기 중심부는 강을 끼고 형성됩니다. 하남위례성, 몽촌토성, 풍납토성 등은 백제의 옛 유적입니다. 한강 유역을 백제가 장악했을 때의 모습을 보여줍니다. 옛 지명이 몽촌, 풍납리여서 토성 이름도 그리 붙였습니다. 성내천城內川, 성내동城內洞 등의 지명은 성 안쪽이라는 말에서 따왔습니다. 성내동 옆의 천호동千戶洞은 『한국땅이름큰사전』에 "1936년 광진교를 놓을 때부터 마을이 되기 시작하였는데, 옛날부터 수천 호戶가 살았다는 풍수설이 있어서 천호동으로 하였다"고 나와 있습니다.

석촌호수에서 동북쪽으로 가면 올림픽 공원이 있다. 예전 몽촌토성이 있던 자리이다.

백제의 성이었던 곳이 지금은 올림픽공원으로 조성되었다.

암사동선사유적지(암사동 155번지)도 한강 가에 있습니다. 체험학습하는 초등학생들과 유치원생들을 많이 볼 수 있습니다. 1925년 을축년 대홍수 때, 이곳에서 빗살무늬토기가 발견되었다고 합니다. 암사동선사유적지 주변은 시골처럼 보이는데 거의 서울의 동쪽 끝이라서, 서쪽 끝인 강서구와 느낌이 비슷합니다.

올림픽공원에서 자전거를 타고, 백제의 흔적을 찾아보았습니다. 올림픽공원 남쪽에 백제고분군이 있었습니다. 교통표지판에도 나와 있습니다. 분위기도 좋았습니다. 새벽이나 아침 일찍 오면 좋겠다는 생각을 하였습니다.

옛 광주 땅을 조사하면서 『한국땅이름큰사전』을 찾아보니 '오봉산 터'라는 항목이 나왔습니다. 그 설명이 '석촌동에 있는 옛 성 터. 돌무더기 다섯이 봉우리 같이 되어 있었는데, 이 근처를 파면 위에는 돌이 고 밑에는 진흙으로써 가끔 구슬 따위가 나옴'으로 되어 있었습니다. 이곳이 백제고 분군으로 밝혀지기 전에 쓰 인 설명입니다. 대학원 시절 에 고고학 발굴조사현장에 따라간 적이 있는데, 고고학 전공 대학원생이 그러더군 요. 자기들의 일은 3D(Dirty, Dangerous, Difficulty)가 아니라 'Depressed(우울한)'까지 포 함한 4D업종이라고요. 우울 하기까지 하답니다. 적막강 산 발굴현장에 몇 달 또는 몇 년씩 묶여 있으면 애인도 떠 나고, 땅 파고 유물 복원하다

석촌호수 맞은 편에 백제고분군을 알리는 이정표가 있다.

올림픽공원 안에 있는 몽촌 유허비가 행정구역이 여러 번 바뀌 었음을 알려준다.

보면 손톱무좀까지 걸린다고요. 역사지리학도 공부하기 쉽지 않지만, 고고학 이나 인류학도 하나를 밝혀내기가 쉽지 않은 학문이겠다는 생각을 했습니다. 발굴하고 옛 기록을 확인하고 추리해야 알아낼 수 있으니까요.

1872년의 〈광주 지도〉에 나오는 구천면, 중대면, 언주면, 대왕면 등은 현재 서울특별시에 편입된 지역입니다. 지금은 이 일대가 송파구이지만, 행정구역 변천이 심했던 곳입니다. 제가 여러 번 말씀드리지만, 1963년 이전까지 강남은 서울이 아니었습니다. 1963년 이전에는 올림픽공원 근처가 경기도 광주군 중대면이었습니다. 1963년에 서울특별시 성동구가 되었습니다. 지금은 25개 구로 나누어져 있지만, 도성 동대문 밖에 해당하는 지역은 모두 성동구였습니다. 그래서 강남인 여기도 성동구였습니다. 1975년에 강남구가 새로 생기면서 이 지역도 강남구에 포함되었습니다. 1979년에 강동구가 강남구에서 분리되면서 강동구가 되었다가, 1988년에 강동구에서 송파구로 분리되면서 이 일대가 송파구가 되었습니다. 경기도였던 1963년에서 2010년까지는 50년도 지나지 않았지만, 서울이 전혀 다른 모습으로 바뀌었습니다.

서울 강남에 왕릉이 있다

　　전철 2호선을 타고 가다보면 선릉역이 나옵니다. 처음 서울에 올라왔을 때, '선릉이 무엇일까' 하는 생각이 들었습니다. 나중에 알고 보니, 왕릉이더군요. 선릉은 현재의 강남구 삼성동에 있는 조선 성종의 왕릉입니다. 전철 2호선 역명이 선릉역이지만, 왕릉이 있는 곳은 삼릉공원으로 불립니다. 삼릉은 9대 성종의 능인 선릉과 정현왕후의 묘, 11대 중종의 능인 정릉이 있는 곳입니다. 세 능이 있어서 삼릉입니다.

　　이곳은 신기하게도 번화한 도심에서 소나무 숲으로 남아 있습니다. 왕릉이었기에 그나마 없어지지 않고, 빌딩 속에서 숨 쉴 공간을 제공해줍니다. 산책

왕릉이 있는 경기도 지역이 서울이 되면서 삼릉공원은 도심 속 휴식 공간이 되었다.

성남 가는 길에 헌릉(태종의 능)과 인릉(순조의 능)이 있다.

삼성 코엑스와 아셈빌딩이 있는 근처에 '봉은사'라는 큰 사찰이 있다.

책을 하기에도 좋습니다. 굳이 멀리 이동하지 않아도, 가까운 서울 시내에서 조선시대 왕릉을 만날 수 있다는 것은 행운입니다. 전철 2호선 선릉역 다음인 삼성역에서 내리면, 코엑스와 연결됩니다. 근처에는 높은 빌딩 숲인 테헤란로가 자리 잡고 있습니다. 서울시에, 그것도 강남 중심부에 왕릉이라니! 더욱 놀라운 건, 선릉의 동쪽에는 코엑스와 아셈빌딩이 있고, 근처에 봉은사라는 큰 사찰이 자리한다는 사실이었습니다. 저야 강남이 개발된 이후에 서울에 왔으니까 놀라울 수밖에 없었습니다. 그 봉은사가 1872년에 제작된 〈광주 지도〉에도 등장합니다. 선릉 바로 옆에 표시되어 있습니다.

사실, 제가 앞뒤를 바꾸어 생각한 거지요? 조선시대 능은 도성 안에 들어설 수 없었습니다. 왕릉은 도성과 떨어진 곳에 세워지는 법입니다. 강남구 삼성동이 지금은 가장 번화한 지역이지만, 조선시대에는 한강 너머 경기도 시골에 있었습니다. 사찰도 마찬가지입니다. 도성 안에 들어설 수 없었습니다. 강남에 봉은사와 왕릉이 들어선 게 아니라, 사찰과 왕릉이 있는 한강 남쪽의 옛 경기도가 서울에 편입된 거지요. 서울이 넓어지고 주변이 도시화되면서 봉은사는 서울 도심 고층빌딩 속의 사찰이 되었습니다. 강남 개발 과정에서 봉은사가 축소되었고, 왕릉이 빌딩에 둘러싸이게 되었습니다.

서울시내에서 또 다른 왕릉을 보았습니다. 남한산성으로 가는 길에 만난 헌릉과 인릉입니다. 1872년 〈광주 지도〉에도 보입니다. 대모산 아래에 있습니다. 헌릉獻陵은 조선 3대 임금인 태종과 원경왕후의 능이고, 인릉仁陵은 23대 순조와 순원왕후의 능입니다.

저는 지나가는 길에 왕릉이 나오면 잠시 들렀다 가는데요, 무덤 때문이 아니라 숲 때문입니다. 산책하기에 좋습니다. 대모산이 서초구와 강남구 사이에 있고, 헌릉과 인릉을 지나면 곧 성남시에 도착합니다. 왕릉이 서초구에 있지만 주변에 비닐하우스, 화훼단지, 가구공단 등이 있어, 여기가 서울이 맞나 싶은 생각이 들었습니다. 경기도 성남시 수정구와 서울시 서초구 사이에 있는 산이 인릉산입니다. 내곡동은 옛 광주군 언주면에 속하였던 지역으로, 능안마을, 안골, 안말, 양지말 등으로 불리던 것이 한자화되면서 지금은 내곡內谷이 되었습니다.

옛지도를들고서울특별시를걸어보자

1. 서울 강남에서 한국의 역사를 읽다

서울의 중심이 어떻게 변했는지 알기 위한 방법으로, 고등학교의 이전을 살펴볼 수 있습니다. 지금 강남의 서울고, 휘문고, 경기고, 숙명여고, 동덕여고, 경기여고, 정신여고 등은 강북에 있었던 학교였습니다. 옛 서울의 중심은 강북이었고, 그 중에서도 도성 안이었습니다. 종로구의 정독도서관 입구에는 중등교육발상지라는 표지석이 있습니다. 이곳에 경기고등학교가 있었습니다. 경기고등학교가 지금의 자리로 옮겨온 것은 1976년이었습니다. 서울고등학교는 경희궁에 있었습니다. 일제가 옛 궁궐을 파괴하고 그 자리에 고등학교를 세웠습니다. 정동에 있는 배재공원은 옛 배재고등학교의 터

종로구 정독도서관 입구에는 중등교육의 발상지라는 표지석이 있다. 예전에 경기고등학교가 있던 자리이다.

배재학당은 한국 최초의 서양식 학교건물이다.　　옛 배재학당 건물에 오늘날 역사박물관이 들어섰다.

입니다.

　강남개발과 함께 주요 고등학교가 강남으로 이전합니다. 처음 강남 개발 당시에는 한강 남쪽은 허허벌판이었습니다. 그런데 이곳으로 고등학교를 이전하라고 하니, 당연히 동문회의 반발이 있을 수밖에 없었습니다. 그렇지만 시대가 시대인지라 결국 이전할 수밖에 없었습니다. 그리하여 경기도 광주, 과천에 속했던 시골은 당당히 서울의 중심으로 자리 잡게 되었습니다. 이러한 개발 과정을 거쳐, 이제 강남은 대한민국보다 힘이 센 곳이 되었습니다.

　서울지도를 멀리서 바라본 적이 있는지요? 서초, 강남, 송파구의 도로망은 격자형입니다. 지역을 개발하면서 인공적으로 도로를 만들었기 때문입니다. 옛 지도를 보면, 한강변에 압구정狎鷗亭이란 글자가 표시되어 있습니다. 압구정은 한명회가 세운 정자입니다. 경치 좋은 이곳에 지금은 대한민국의 부자들만 산다는 아파트가 들어섰습니다. 바로 압구정동 현대아파트입니다.

　한강 남쪽을 강남이라고 하지만, 서울에서 강남 중의 강남은 서초구, 강남구, 송파구입니다. 특별한 곳, 서울시민마저 소외시키는 곳입니다. 1963년 이전에는 서울도 아니었던 곳, 영등포 동쪽이었던 곳이 진짜 강남입니다. 이제 강남은 단순히 삶의 터전이 아니라, 계층과 생활양식이 다른 지역이 되었습니다. 소비도 달라지고, 만나는 사람들도 달라졌습니다. 어느 지역에 사는가가 그 사람의 경제적 능력을 보여주는 지표가 되었습니다.

서울의 중심, 강남구의 어제와 오늘

강남구의 지명을 살펴보면 현재와 정말 달랐음을 알 수 있습니다. 『한국땅이름큰사전』에서 동 이름을 찾아보았습니다. 강남구 삼성동三成洞은 봉은사, 무동도, 닥점(저자도) 이렇게 세 마을을 합하여 '삼성리'라고 불린 데서 붙여졌습니다. 무동도는 어린아이 같이 생긴 바위가 있어 그리 불린 섬입니다. 닥점은 닥楮나무가 많아 저자도楮子島라고도 하였는데, 지금은 없어졌습니다.

수서동水西洞은 탄천의 서쪽이라 생긴 지명이고, 일원동은 일원逸院이라는 서원이 있던 동네였습니다. 신사동新沙洞은 새말(신촌新村)과 사평(모래벌沙坪)의 합성어입니다. 청담동淸潭洞은 마을 앞에 있는 한강의 물이 맑고 잔잔하여 못과 같다하여, 청숫골, 숫골, 청수동 등으로 불리다가 청담동이 되었습니다. 개포동開浦洞은 갯벌에 있으므로, 개펄이라 하던 것이 한자로 개포가 되었습니다. 포이동浦二洞도 갯들이란 뜻에서 포이리였던 것이 바뀌었습니다. 학동鶴洞은 학실, 학곡, 학리 등으로 불리던 곳인데, 마을 지형이 학과 닮았다 해서 붙여진 이름이었습니다. 염곡동은 마을이 염통처럼 생겨서 염통골, 염곡, 염곡리 등으로 불린 곳입니다. 논현동論峴洞은 논고개였습니다. 대치동大峙洞은 큰 고개, 한티, 한터로 불리던 지역입니다. 도곡동은 뒤에 산이 둘러 있고, 아래쪽 산부리에 돌이 많이 박혀 있어서 독부리, 독구리, 독골로 불리던 것이 도곡으로 바뀌었습니다.

조선시대 광주군 언주면이 이렇게 변하였습니다. 우리 할아버지, 아버지 대에서 이 동네 땅을 사두었

'언주로' 이정표가 이곳이 옛 경기도 광주군 언주면이었음을 알려준다.

어야 했는데, 안타깝습니다. 지명공부를 하는 것도 좋지만 건물까지 가지고 있다면, 더 좋았을 텐데요. 개발사를 공부하는 것이 미래 예측력을 높일 수 있다는 말에 제 아내는 기대하지만, 현실은 안타깝네요. 나중에 "아빠는 지리학박사라면서 어떻게 된 거냐?"고 아들에게 원망듣게 생겼습니다.

강남에도 마을은 있습니다. 널리 알려진 곳이 서래마을과 구룡마을입니다. 서초구의 서래마을에는 한국에서 사는 프랑스인의 60%가 거주합니다. 빵을 만들기 위한 밀가루를 프랑스에서 직수입한다는 부촌입니다. 그러나 제가 1994년에 처음 가보았던 구룡마을은 텔레비전 다큐프로그램에도 가끔 나오는, 초고층 아파트 옆에 있는 가난한 동네였습니다. 서울의 그늘을 보여주었습니다.

양재천을 걷다보면 북서쪽에는 타워팰리스, 남서쪽에는 경남아파트가 보인다.

구룡산은 용과 관련된 이야기가 남아 있습니다. 옛날에 이곳에 용 10마리가 살았는데요, 이 중에서 9마리가 승천하여 구룡산이라고 부른답니다. 구룡산에는 9개의 계곡이 있습니다. 그럼, 떨어진 한 마리는 어떻게 되었을까요? 양재천이 되었답니다. 양재천은 남서쪽에서 북동쪽으로 흐르는 하천입니다. 양재천을 걷다보면 북서쪽에는 타워팰리스, 남서쪽에는 경남아파트가 보입니다. 이 작은 하천을 두고도 양쪽 경관이 달리 보입니다. 양재천에서 양쪽을 보고 있으면, 한강고수부지에서 여의도와 강북을 바라보는 느낌입니다. 타워팰리스 쪽 분위기는 여의도처럼, 경남아파트 방향은 강북처럼 느껴집니다. 승

천하다 떨어진 용이 사는 주변이
이렇게 바뀌었네요.

옛 지도에서 한강 남쪽을 보면
양재역이 있습니다. 양재良才의
말뜻은 '어질고 재주 있는 사람들
이 많이 산다'는 데서 유래했습니
다. 권상우, 한가인, 이정진 주연
의 영화 〈말죽거리 잔혹사〉에 등
장하는 말죽거리가 양재입니다.
영화에 등장하는 동네는 시골입

전철 3호선 양재역 8번 출구 앞에는 조선통신사 길을 알
리는 표지석이 있다. 옛 길을 생각하는 단초가 된다.

니다. 한강을 건너 경상도, 전라도, 충청도를 연결하는 대로大路에 있던 역이
양재역입니다. 말을 갈아타는 곳이 역이었으니까, 이곳에서 말에게 먹일 죽을
끓여야지요. 그래서 말죽거리란 말이 생겼습니다. 양재역 또는 양재원으로 불
리던 곳입니다. 조선시대 이괄의 난(1624년 평안병사 이괄이 인조반정의 논공행상에
불만을 품고 일으킨 반란)이 일어났을 때, 인조가 남쪽으로 피난을 가면서 말 위
에서 팥죽을 들고 갔다는 이야기도 남아 있습니다.

전철 3호선 양재역에서 내려 8번 출구로 나오면, 서초구청이 보입니다. 그
앞 도로변에는 이곳이 조선통신사 길이었다는 안내문이 세워져 있습니다. 서
울과 부산포까지의 거리도 표시되어 있습니다. 여기서 말하는 서울은 현재 서
울이 아니라 한양입니다. 남대문까지의 거리를 새겨 놓았습니다.

오늘날 양재역에 서서 주변을 둘러보면 성남 가는 길 이정표가 보입니다.

강남구청 옆 주차장은 지방여행이나 등산모임, 답사모임 출발지로 많이 이용되며, 주말에는 관광버스가 많이 대기하는 곳입니다. 경부고속도로 서초I.C, 양재I.C가 생기면서 이곳이 변했습니다. 경부고속도로가 처음 생겼을 때만 해도 논밭 한가운데로 고속도로가 지나가는 풍경이었습니다. 양재동은 화훼단지로도 유명한데, 이는 이곳이 교외지역이었음을 보여줍니다.

교통권 발달과 강남개발시대

제 3한강교였던 한남대교가 1969년에 개통되었고, 1970년에 한남대교와 연결되는 경부고속도로가 개통됩니다. 이 무렵부터 강남개발시대가 열립니다.

이 일대는 영동지구개발, 한강종합개발계획, 남부순환도로 개통, 전철 2호선과 3호선 건설, 경부고속도로 건설 등으로 완전히 바뀐 동네입니다. 일제강점기와 1963년 1월 1일 이전까지 한강 남쪽의 중심지는 영등포였으나, 영등포 동쪽인 영동永東지구가 개발되면서 서울이 이렇게 바뀌었습니다.

영동토지구획사업은 1968년부터 시작되었습니다. 1968년에 개발된 영동 1지구는 현재 서초구이고, 1971년에 개발된 영동 2지구는 강남구입니다. 이때부터 땅값 폭등이 시작되었습니다. 서울시의 전차가 운행중지된 것은 1968년 11월 30일입니다. 1970년에 지하철 건설본부가 발족하였고, 1974년에 서울역에서 청량리역까지 달리는 노선이 처음 개통되었습니다. 그것이 1호선으로 확장되었고, 2호선은 1984년에, 3호선은 1985년에 개통되었는데, 이 노선이 강남 지역을 관통하는 노선이 되었습니다.

조선시대의 교통 중심지였던 곳은 역이나 원입니다. 새로운 도로가 생기면

1960년대 경부고속도로 공사하는 모습

1968년 경부고속도로

2009년 경부고속도로(『과거로부터 현재까지 서초전』, 서초구청, 2010년)

서 성격이 많이 바뀌었지만, 현재에도 교통이나 택지개발에서 중요한 위치가 되는 곳이 옛 역이나 원이 있던 자리입니다. 옛 길은 걷거나 말을 탔기에 일정 거리마다 쉬는 곳이 필요했습니다. 지금은 교통수단의 발달로 접근성과 도착 시간이 중요해졌습니다.

원래 축지법縮地法의 원리는 간단합니다. 창문의 커튼을 접었다 폈다 하는 것처럼 땅을 접었다 폈다 하면 됩니다. 출발지에서는 땅을 접어 한번에 성큼 내딛고, 내디딘 다음에는 접었던 땅을 펴면 됩니다. 한번에 땅의 폭을 모아 걷는 게 축지법입니다. 공간압축을 통해 이동시간을 줄이는 것입니다. 즉, 시간을 통해 공간의 한계를 극복합니다.

걷거나 말을 타던 시기에 비해 이동 시간이 줄어든 것은, 기술 발전 덕분입니다. 새로운 교통수단의 등장이 축지법을 쓸 수 없던 사람들에게도 빠른 이동을 가능하게 만들었습니다. 우리나라의 경제성장 과정도 어떻게 보면 속도와의 전쟁이었습니다. 1970년에 경부고속도로가 생기면서, 하루 만에 부산에서 일을 보고, 다시 서울로 돌아올 수 있게 되었습니다. 당시로서는 전국이 일일생활권에 들어간다는 것은 혁명적인 일이 아니었겠습니까?

두 발로 걷거나 말을 이용하여 이동할 때는 시간을 줄이는 것이 쉽지 않았습니다. 그러므로 일정한 간격으로 역원이 들어설 수밖에 없습니다. 역원은 옛 군현의 중심부에 있지 않습니다. 중심부에서 떨어진 곳에 있습니다. 새로운 도시는 구도심에 서지 않습니다. 구도심에서 떨어진 곳에 섭니다. 그리고 역원은 여러 고을을 연결하는 교통의 요지에 위치합니다. 그래서 새로운 길이나 신도시는 옛 역원 위치에 들어설 확률이 높습니다.

1872년 〈광주 지도〉에 여러 역과 주막이 나옵니다. 고개도 보입니다. 이곳이 옛 길의 중심지입니다. A도시의 중심과 B도시의 중심이 연결되면, 그 사이에 고개와 역원, 주막 등이 존재합니다. 〈광주 지도〉에도 판교주막, 낙생역, 곤지암주막이 보입니다. 판교주막 근처가 경부고속도로와 서울외곽순환도로가 교차하는 판교분기점, 경부고속도로의 판교I.C, 판교 신도시가 들어선 곳입니다. 근처에 있던 역이 낙생역입니다. 예전부터 교통의 중심지였습니다. 곤지암주막은 중부고속도로와 3번 국도가 만나는 곤지암I.C 근처입니다.

우리나라 옛 지역구조와 현재를 비교하는 것도 역사지리학의 매력입니다. 도시 변화의 흐름을 알고 어느 시기에 급격하게 변했는지, 왜 변했는지, 앞으로 어떻게 변할 지 상상하는 것도 재미있습니다. 전통이 어떻게 현대로 이어졌는지, 사라진 것은 무엇인지 찾아보는 것도 내가 사는 지역을 이해하는 데 도움이 될 것이라 생각합니다.

2. 옛 성문을 열고 서울을 걷다

대한민국은 서울과 지방, 두 지역으로만 나누어집니다. 대학도 서울 안에 있는 대학과 지방대학으로 나누어집니다. 지방도시에서 아파트를 팔아도, 그 돈으로는 서울에서 같은 평수의 전세도 얻지 못합니다.

조선시대 한양이 도성 안과 밖으로 구분되듯이, 대한민국은 서울 톨게이트 안과 밖으로 구분됩니다. 서울로 진입하기에는 너무나 많은 장벽이 있습니다. 서울이 하나의 성城이 되었습니다. 조선시대 한양의 성 밖과 지금의 서울 밖은 다릅니다. 조선시대에는 사대문 밖이 성 밖이었다면, 지금은 톨게이트 밖이 서울 밖입니다.

일제강점기에서 해방되고, 한국전쟁이 휴전한 이후, 서울에 많은 사람들이 몰려들었습니다. 불량주택촌을 형성하기도 했지만, 서울에서 살 수는 있었습니다. 그러나 이제는 서울에서 다시 밀려나는 일이 많아졌습니다. 재개발이란 이름으로 기존에 살던 사람들이 서울 밖으로 내몰리게 되고, 지방에서 서울로 진입하기는 더욱 힘들어졌습니다.

한양은 어떻게 서울이 되었을까

서울의 큰 틀이 만들어진 것은 1963년 1월 1일부터였으니, 50년도 되지 않았습니다. 그러나 서울특별시는 한양 도성이나 일제강점기 경성부와는 전혀 다른 도시가 되었습니다. 논밭이었던 곳이 아파트단지로, 경기도 양주, 고양, 김포, 양천, 시흥, 과천, 광주였던 곳이 서울이 되었습니다. 서울 중에서도 옛 광주, 과천이었던 강남 3구에 살지 못하는 사람들은 부러움, 질투, 체념 속에서 사는 경우가 많습니다. 지방 출신에게는 수도권도 서울과 마찬가지입니다. 서울과 경기도에는 대한민국 인구의 절반이 삽니다. 서울과 경기는 하나의 단위로 인식됩니다. 그러나 서울과 경기는 엄연히 구분됩니다.

서울시와 접점을 이루는 경기도 지역은 어디일까요? 그곳은 어떤 과정을 거쳐 서울이 되었을까요? 그 문제를 푸는 과정을 통해 우리나라 도시개발사, 수도권 변천사를 보았습니다. 수도권 문제의 역사적 연원은 서울이 아닌 곳이 서울이 되는 과정을 통해 알 수 있다고 생각했습니다. 옛 도성 밖에서 오늘날의 경기도까지, 어떤 과정을 거쳐 현재의 모습이 되었는가, 어떤 의미를 지니는 장소가 되었는가를 함께 살펴보고자 했습니다. 이것은 옛 모습이 어떻게 사라지고 새로운 도시가 되었는가를 살펴보는 일이었습니다.

앞으로 서울의 미래는 과거와 현재의 공존 속에서 제 3의 세계로 새롭게 창출될 것입니다. 지금도 서울의 이미지 개선 작업은 계속 이루어지고 있습니다. 이미지는 만들어지니까요. 우리는 역사자원과 문화자원을 활용하여 되살리는 노력은 할 수 있지만, 과거로 돌아갈 수는 없습니다. 대신 우리는 옛 모습을 기억하면서 오늘을 다시 돌아보고, 앞으로 서울을 어떻게 꾸며야 할지 생각해 볼 수 있습니다.

1945년 8월 15일 해방과 뒤 이은 분단은 남한을 섬처럼 만들어버렸습니다. 북으로 연결되던 옛 길과 철길은 끊어졌습니다. 경부고속도로가 만들어지고, 수도권에 인구가 밀려들면서, 서울은 거대한 도시가 되었습니다. 분단 상황에서의 수도권 대도시화는 한강 남쪽과 경기도 남부 지방의 도시화를 촉진시켰습니다.

한강 너머 논밭이었던 경기도 지역은 서울이 되었습니다. 60~70년대의 강남개발과 1986년 아시안게임, 1988년 서울올림픽을 전후로, 부동산 가격은 천정부지로 뛰어올랐습니다. 강북에 있던 명문 고등학교가 강남으로 이전하게 되면서 8학군이 형성되었습니다. 서울에서도 강남공화국이 형성되기 시작하였습니다. 한강을 사이에 둔 상대적 위치 개념으로 '강남' 이란 말이 만들어졌지만, 서울에서 강남은 더 이상 역사적 의미를 지닌 장소가 아닌 것처럼 느껴집니다. 현대 자본주의 도시 서울에서의 '진정한 강남'은 서초구, 강남구, 송파구, 소위 강남 3구입니다. 구로구, 금천구, 관악구를 강남으로 생각하는 사람은 없습니다.

서울에 관한 생각의 틀을 바꿔야 할 때

서울 사람들의 생활 모습도 바뀌기 시작하였습니다. 아파트에서 사는 사람들이 많아졌습니다. 이러다가 서울에 아파트만 들어서는 건 아닌지, 서울에는 사람 사는 집이 아니라 콘크리트 아파트만 있는 공간으로 변모하는 건 아닌지 걱정스럽습니다. 집은 투자의 대상이 아니라 사람이 사는 곳입니다. 오랫동안 머물면 답답해서 산책이 필요한 곳이 아니라, 마냥 있어도 편안한 곳이 원래 집입니다. 마음이 따듯해지는 곳, 쉬는 장소가 집입니다.

아파트의 폐쇄구조는 사람을 답답하게 만듭니다. 특히 아이들을 힘들게 합니다. 도시에 사는 아이들은 할 일이 없습니다. 초등학교 저학년은 점심을 먹고 집으로 돌아옵니다. 학교에서 급식을 하기 때문에, 집에 와서 점심도 먹지 않습니다. 하교 이후에는 마음대로 시간을 쓸 수 있습니다. 그런데 할 일이 없습니다. 사교육 열풍 때문입니다. 아이들은 친구를 만나기 위해 학원을 갑니다. 영어, 태권도, 피아노, 속셈 학원 등등. 사실 배우지 않아도 무방한 것입니다. 그러나 이것마저 하지 않으면 정말 할 일이 없어집니다. 친구 집에 가려면, 아파트 인터폰으로 연락하여 비밀번호를 눌러야 합니다. 보안해제가 되면 다시 초인종을 눌러야 합니다. 그나마 이도 친구가 학원에 가지 않았다면 가능한 일입니다.

다들 똑같은 직사각형 상자 집에서 나온 애들이 기껏 모여서 노는 공간도 아파트 놀이터입니다. 아파트 사는 애들은 단지별로 엘리베이터에서 가끔 만나 얼굴이라도 마주치지만, 다가구 주택에 사는 애들은 또래 친구들을 만나기도 힘든 구조입니다. 그러니 요즘 아이들은 사회성이 부족한 게 아니라, 친구와 함께할 기회 자체가 없습니다.

70년대 도시화가 시작될 무렵과 그 후 서울올림픽이 열리던 무렵, 그러니까 대량으로 똑같은 집, 소위 분리된 개인 주택 'A-Part-Ment(아-파트-먼트)'라는 이름의 희한한 집이 생기기 전에 우리 아이들은 어떻게 살았을까요?

일단 방문이 자유롭습니다. 밖에서 친구가 부르면, 목소리를 듣고 밖으로 나왔습니다. 마루를 지나 마당에서 친구를 만납니다. 아파트의 거실은 현관 철문을 열어야 들어갈 수 있지만, 마루는 개방된 공간입니다. 그래서 밖에서 친구가 부르면 방까지 들립니다. 친구의 목소리에 아이가 나오면, 곧바로 대화가 시작됩니다. 마당은 함께 노는 공간입니다. 흙에서 마음대로 놀면 됩니다. 부모가 노는 것을 도와주지 않아도 됩니다. 인공으로 어색하게 만들어 놓은 아파트 놀이터와 다릅니다. 놀이터는 놀이구역을 통제해 놓았습니다. 자연과 더불어 노는 곳이 아닙니다.

현재 서울의 의미는 역사성이나 문화중심지라기보다는 아파트가 비싼 곳으로 인식됩니다. 60년대부터 시작된 강남개발의 역사가 50년이 다 되어갑니다. 이제 생각의 프레임을 바꿔야 할 때가 되었습니다. 마을은 사라지고 아파트단지가 중심이 된 도시, 가족이 사는 집이 아니라 입시 학원 중심으로 형성되는 아파트 가격이 지배하는 도시로는 더 이상 미래가 없어 보입니다.

회복이 필요합니다. 옛날로 돌아갈 수는 없어도, 되살릴 수 있는 것은 다시 살려야 합니다. 산과 강은 마을의 기준이었습니다. 뒤에는 산, 앞에는 강을 두고 마을이 만들어졌습니다. 오늘날 도시 사람들이 저마다 아파트 베란다에 화초를 키우는 이유가 무엇이겠습니까? 삭막함을 덜기 위해서입니다.

우리의 옛 마을 풍경을 떠올려 봅시다. 마을 사람들은 동구洞口 앞 느티나무 아래에 모여앉아 이야기를 나누었습니다. 마을은 공동체였습니다. 모내기와 추수를 하는 농번기에는 품앗이라는 공동체를 꾸려 같이 일하고, 마을 일은 함께 의논하며 어려움을 나누었습니다. 아이들이 밖으로 나가면 산이 있고 들이 있고 개울이 있었습니다. 그러니 뒷산에 가서 뛰어놀다가, 해가 저물면 집에 돌아와 가족들과 함께 밥을 먹고, 잠을 자면 됩니다. 실컷 놀았으니 스트레스도 없고 잠도 잘 옵니다. 아토피피부염도 당연히 생기지 않습니다. 들에 가면, 메뚜기도 있고 여치도 있고 나비도 있습니다. 밤에는 반딧불이도 볼 수 있고, 마당에 놓인 평상에 누우면 별도 볼 수 있었습니다. 일부러 보려고 애쓰는 게 아니라 그냥 보입니다.

집은 투자의 대상이 아니었습니다. 아파트처럼 평당 가격이나 평수로 경제적 계급이 나누어지는 공간이 아니라, 가족이 사는 보금자리였습니다. 아이들은 삭막한 아파트단지에서 노는 게 아니라 산이나 들, 개울에서 놀았습니다. 들에서는 메뚜기와 여치를 잡고, 개울에서는 가재를 잡고, 강에서는 은어를 잡았습니다. 학원이 아니라 자연에서 놀았습니다. 앉아서 하는 컴퓨터 게임이 아니라, 활쏘기도 하고 칼싸움도 하며 뛰어놀았습니다. 산에서 삐삐(삘기)를 뽑았고, 봄이 되면 진달래를 꺾어 좋아하는 선생님의 책상에 꽂아두기도 하였습니다. 소풍은 교가에 나오는 산으로 갔습니다. 멱 감고 놀던 강도 교가에 나옵니다. 아저씨들은 뒷산에서 나무를 해왔고, 아줌마들은 들에서 쑥을 캐고 나물을 뜯었습니다.

요즘 아버지는 아침 일찍 회사에 가서, 늦은 밤에 돌아옵니다. 애들과 한 끼도 같이 먹기 힘듭니다. 그러나 농촌의 아버지는 아이들과 아침저녁으로 두 끼는 같이 먹습니다. 도시 아이들이 과일을 따고 별을 바라보고 나비를 관찰하고 올챙이를 잡아보는, 소위 일 같지 않은 일을 하려면, 체험학습이라는 이름으로 해야 합니다. 주말농장이라도 있어야 합니다. 자연 속에서 살면 자연스럽게 경험할 수 있는 일을, 시간과 비용을 들여가며 해야 합니다. 마당에서 친구가 부르면 방에서 나와 같이 놀면 되었던 일이, 부모가 주말에 일부러 시간을 내야 하고 일정한 비용과 수고를 부담하면서 치러야 할 일이 되었습니다. 그것도 부모가 무척 '가정적'이어야 할 수 있습니다.

60~70년까지만 해도 서울에서의 삶도 시골과 비슷했습니다. 시골에서 서울로 온 사람들 말고도, 서울에서 나고 자란 60~70년대 생生 어른들은 골목에서, 개울가에서 친구들과 뛰어놀던 경험이 있습니다. 강남개발 당시에는 아파트 신축현장 바로 옆에 있는 논에서 소가 쟁기를 끌었습니다. 그러니 나가놀 데도, 집 밖에서 할 일도 없는 요즘 아이들에게 컴퓨터 많이 한다고 혼낼 수만도 없습니다.

예전으로 다시 돌아갈 순 없어도 대안을 만들어야 합니다. 그것밖에 할 게 없는 아이들에게 이것저것 하지 말라고 말할 게 아니라, 할 수 있는 걸 제시해 주고 대안을 만들어주어야 합니다. 그러나 그것이 쉽지 않습니다.

서울에서 쉴 만한 곳은 어디인가

인간은 자연과 더불어 살아야 맑아집니다. 그래서 우리는 산과 강과 들을 찾습니다. 서울이 도시화되면서 산은 더불어 사는 공간이 아니라, 깎아서 아파트를 지을 수 있는 빈 땅으로 의미가 바뀌었습니다. 산은 재개발의 대상지역이 아니라 나무와 숲, 맑은 공기가 있는 회복의 쉼터입니다. 동물이 다니던 곳에 길을 만들고 집을 지으니, 주택가에 멧돼지가 등장하는 겁니다.

아직 서울에는 많은 산이 남아 있습니다. 더 이상 훼손하지 않는다면, 그래도 쉴 만합니다. 물은 생명을 상징합니다. 강은 바람이 통하는 길이기도 합니다. 탁한 공기가 강을 따라 빠져나가면, 맑은 공기가 들어올 공간이 도시에 생깁니다. 분수를 새로 만들거나 인공하천을 만들지 않아도 됩니다. 강이었던 곳에, 길을 내고 집을 지으니 침수가 됩니다. 방송기자들이 장마철에 비 피해 상황을 보도하는 곳은 대부분 예전에 물길이었던 곳입니다.

지금은 많은 하천이 복개되어 옛 물길을 알 수 없습니다만, 옛 지도를 보면 알 수 있습니다. 지난 2011년 여름, 폭우로 인한 침수와 산사태의 원인은 서울의 자연지형을 알면 쉽게 찾을 수 있습니다. 대치역의 침수는 강남 한복판에서 벌어진 것이 아니라, 탄천과 양재천이 합류하는 지점에서 발생했습니다. 탄천의 물 때문에 양재천의 물이 빠져나가지 못해, 대치동이 침수되었습니다. 사당역 일대는 지금은 흔적을 찾을 수 없지만, 사당천이 흐르던 곳입니다. 신림동 고시촌의 침수는 도림천이 범람한 것입니다.

산도 마찬가지입니다. 도로에 산사태가 난 것이 아니라, 산에 도로를 만들었습니다. 길이 없는 곳에 남부순환도로를 새로 만들었습니다. 우면산은 경기도에 있던 산입니다. 강남개발 전에는 사람이 거의 살지 않던 지역입니다. 관악구에서 금천구로 넘어가는 산복터널, 금천구에서 안양으로 넘어가는 호암산에 있는 터널에서도 산사태가 났는데, 이곳도 원래 산이었습니다. 그런데 터널을 새로 만들어 서울과 안양, 서해안고속도로, 제 2경인고속국도와 연결시켰습니다. 산의 허리를 잘라 터널을 만들고 길을 내니, 산사태가 날 수 밖에 없습니다.

자연은 '자연自然'스럽게, 스스로 흐르도록 하는 것이 가장 좋습니다. 자연을 인간이 어떻게 할 대상으로 보지 말고, 자연답게 자정 능력을 갖추도록 최소한의 장치만 설치하는 것이 좋다는 의견입니다.

대한민국의 도시 중에서 가장 큰 도시인 서울에서 과연 쉴 만한 장소가 있을까요? 굳이 제주도 올레길이나 지리산 둘레길을 가지 않아도, 그만큼 걷기 좋은 장소가 서울에는 있을까요?

서울이 도시화가 되었지만, 한양은 산과 강을 중심으로 만든 도시입니다. 한양 도성을 만들 때 북악산, 인왕산, 남산(목멱산), 낙산(타락산, 낙타산)을 연결하여 성곽을 쌓았습니다. 이곳이 지금까지 수도 서울로 이어진 덕분에, 도심에서도 쉽게 산을 접할 수 있습니다. 네 산 주위로 외사산이 자리합니다. 동쪽에는 아차산(용마봉), 서쪽에는 덕양산(행주산성), 북쪽에는 북한산, 남쪽에는 관악산이 서울의 외곽을 지키고 있습니다. 안팎의 네 산을 걸으면 서울이 눈에 들어옵니다.

그 다음에는 한강을 걸어도 좋습니다. 한강 남쪽과 북쪽의 경치를 감상하면서 내가 사는 서울을 느껴보는 것도 좋을 듯합니다. 한강과 연결되는 지류도 함께 걸어보십시오. 도성의 동쪽에는 중랑천이 흐릅니다. 서쪽에는 모래내(사천, 홍제천, 불광천)가 흐릅니다. 한강 남쪽에는 도림천과 연결되는 안양천이 서울의 서남부를 지나 한강으로 들어갑니다. 서울 동남부에는 반포천, 양재천, 탄천이 흐릅니다. 이 하천을 따라 산책을 하여도 좋고, 자전거를 타고 가도 괜찮습니다.

산과 강을 배경으로 만들어진 옛 마을이 서울로 편입된 덕분에 서울에는 이밖에도 많은 산과 하천이 있습니다. 북한산과 연결되는 도봉산이 있고, 북한산과 도봉산 아래에는 초안산, 오패산, 백운산, 개운산 등이 있습니다. 북한산 서쪽에는 백련산, 안산, 연희산, 성산, 노고산, 와우산 등이 있습니다. 중랑천 동쪽에는 수락산, 불암산, 봉화산이 자리합니다. 한강 남쪽과 관악산 동쪽에는 우면산과 청계산이 솟아 있고, 근처에는 구룡산, 대모산, 인릉산 등이 자리하고 있습니다. 한강 서남쪽에는 개화산, 우장산 등이 있습니다. 이는 모두 집에서 멀지 않은 곳에 자리한 산입니다.

산과 산 사이에는 하천과 계곡이 있습니다. 북한산과 도봉산 아래에는 도봉천, 방학천, 우이천, 정릉천, 월곡천, 성북천이 흐릅니다. 하천의 발원지를 찾아가면 계곡이 나옵니다. 한강 남동쪽에도 세곡천, 성내천, 고덕천이 흐릅니다.

앞에 말한 산과 하천을 다 외울 필요는 없습니다. 집 근처에 있는 산을 먼저 올라가 봅시다. 산 정상에 오르면 또 다른 산이 눈에 들어옵니다. 그 산을 오르면 또 다른 산이 보입니다. 이렇게 하나씩 올라가면 자연스럽게 서울의 산을 이해할 수 있습니다.

강도 마찬가지입니다. 강은 흐릅니다. 연결됩니다. 이 하천을 따라 걸으면 한강을 만나고, 한강을 따라 걸으면 또 다른 하천을 만납니다. 조금씩 산, 계곡, 하천을 따라 건는다면, 어느 순간 서울의 자연이 내 머릿속에 그려질 것입니다. 건강도 돌보고, 걸으면서 생각도 하고, 내가 사는 도시도 이해할 수 있습니다.

자, 이제 밖으로 나가 걸어봅시다!

| 부록 1 |

서울의 산과 하천을 따라 걸어보세요

P.42 "동대문을 나서다"
부분 참조 (6시간 코스)

중랑천을 따라 도봉산으로 가는 길

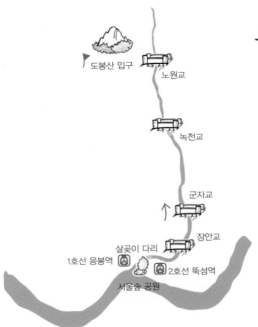

도봉산 입구

노원교

녹천교

군자교

장안교

살곶이 다리

1호선 응봉역

서울숲 공원

2호선 뚝섬역

| 서울 숲으로 가는 방법 |

전철 2호선 뚝섬역 8번 출구로 나와서 약 15분 정도 걷거나, 전철 1호선 응봉역 2번 출구로 나와서 약 30분 정도 걸으면 된다. 서울숲 홈페이지(http://parks.seoul.go.kr) 참조.

| 이현군 선생님의 답사노트! |

중랑천의 동쪽은 옛 양주 땅이었고, 서쪽은 한성부 성 밖이었어요. 도봉산을 지나면 양주시가 되고요. 옛 양주 중심부는 현재 양주 시청에서 가까워요. 그러니까 혹시 도봉산을 지나 양주시까지 갔다면, 양주향교와 양주관아 터도 꼭 둘러보세요!

230

P.108 "남대문을 나서다"
부분 참조 (8시간 코스)

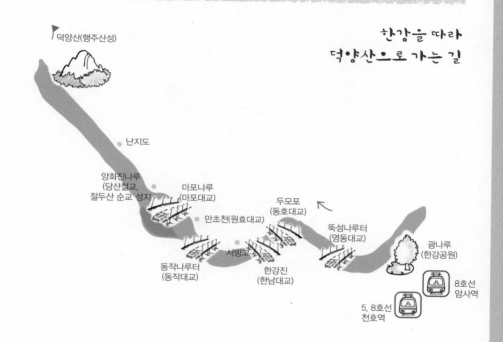

한강을 따라
덕양산으로 가는 길

덕양산(행주산성)

난지도

양화진나루
(당산철교)
절두산 순교 성지

마포나루
(마포대교)

만초천(원효대교)

두모포
(동호대교)

서빙고

뚝섬나루터
(영동대교)

동작나루터
(동작대교)

한강진
(한남대교)

광나루
(한강공원)

5, 8호선
천호역

8호선
암사역

| 광나루(한강공원)로 가는 방법 |

전철 5,8호선 천호역 1번 출구로 나와서 천호대교 쪽으로 직진하여 진입계단을 이용하거나, 전철 8호선 암사역 4번 출구로 나와 암사나들목(천호2육갑문)을 따라 700m정도 걸으면 된다. 광나루한 강공원 홈페이지(http://hangang.seoul.go.kr/park_kwang) 참조.

| 이현군 선생님의 답사노트 ! |

옛 양주 땅인 아차산 아래에서 고양까지 한강을 따라가는 길이에요! 행주산성에 들른 다음, 옛 고양 중심부까지 보고 싶다면 중남미 문화원으로 가세요. 바로 옆에 고양향교와 벽제관이 있으니까요!

231

P.166 "관악산에서 옛 과천을 찾다" 부분 참조 (8시간 코스)

동작진에서
관악산으로 가는 길

4호선 동작역(동작진)

동작동
국립현충원

남태령

우면산

관악산 연주대

관악산 입구

과천향교

| 동작진(동작역)으로 가는 방법 |

전철 4호선 동작(현충원)역 3번 출구로 나오면, 남태령 가는 길이다. 동작진은 현재 반포아파트 서편 이수천 입구에 해당함.

| 이현군 선생님의 답사노트! |

옛 과천을 알고 싶다면, 관악산 연주대에 올라 주위를 둘러보세요! 옛 시흥을 알고 싶다면 관악산과 삼성산을 올라가면 되고요. 금천구에 있는 호압사(호암산)를 지나면, 시흥5동의 은행나무 사거리가 있어요. 주변을 걷다보면 행궁과 향교의 옛터도 발견할 수 있어요. 여기서 좀 더 걷고 싶다면, 안양천을 따라 한강까지 가보세요!

P.186 "탄천을 따라 옛 광주에 가다" 부분 참조 (10시간 코스)

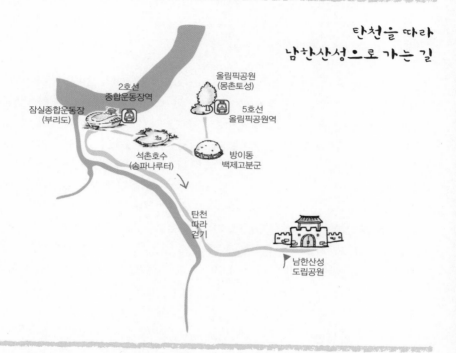

탄천을 따라
남한산성으로 가는 길

| 올림픽공원(몽촌토성)으로 가는 방법 |

전철 5호선 올림픽공원역 3번 출구로 나와서 동1문으로 가면 올림픽공원에 들어선다. 올림픽공원 안에 몽촌토성이 있다. 올림픽공원 홈페이지(http://www.kspo.or.kr/olpark) 참조.

| 이현군 선생님의 답사노트 !|

서울이 된 옛 광주 땅을 느끼고 싶다면 서울시 강남구에 있는 봉은사, 코엑스, 삼릉공원(선릉역) 일대 를 둘러보세요! 전철 2호선 삼성역 7번 출구로 나오면, 봉은사로 가는 길이 보인답니다.

한양과 서울을 더 알고 싶어요!

한양과 관련된 옛 지도는 첫 번째 책인 『옛 지도를 들고 서울을 걷다』에서 소개하였습니다. 여기에서는 조선시대 한양에서 현대 서울로 바뀌는 과정을 이해하기 위한 몇 가지 자료를 소개합니다.

가장 간단하게는 인터넷 포털사이트에서 지명 검색을 하면 지명설명과 관련지도가 나옵니다. 그리고 서울시·구청, 경기도의 도·시·군청과 서울특별시 홈페이지를 활용하십시오. 그 안에 보면 서울시사편찬위원회 디렉토리가 있습니다. 여기에 『서울지명사전』도 포함되어 있습니다. 『서울육백년사』도 인터넷으로 볼 수 있습니다.

서울의 변천과정을 인쇄된 지도로 보고 싶다면, 서울학연구소에서 발간한 『서울의 옛 지도(이찬·양보경)』와 2006년 서울역사박물관에서 발간한 『서울 지도(The Map of Seoul)』, 1994년 범우사에서 발간한 『정도 600년 서울 지도(허영환)』를 활용하십시오.

좀 더 기본에 충실하고 싶다면, 민족문화추진회에서 번역한 『신증동국여지승람』의 「양주」, 「고양」, 「양천」, 「금천(시흥)」, 「과천」, 「광주」 편을 추천합니다. 2005년 평화출판사에서 발간한 『택리지(이중환)』와 한글학회에서 발간한 『한국땅이름큰사전』과 『한국지명총람』도 도움이 될 것입니다. 저는 책에서 몇 개 동리의 관할 구역이 바뀌거나 서울로 편입되었다는 이야기는 생략하고, 행정구역 변화의 큰 흐름만 이야기하였습니다.

현재 서울이지만, 옛 경기도였던 곳을 담은 지도로는 《대동여지도》와 1872년에 만든 《조선후기 지방 지도》를 추천합니다. 그 중에서 〈양주 지도〉, 〈고양 지도〉, 〈양천 지도〉, 〈시흥 지도〉, 〈과천 지도〉, 〈광주 지도〉를 보면 많은 정보를 얻을 수 있습니다.

앞에 말한 지도는 이 책에서도 설명하였습니다. 1872년 지도는 군현별로 제작된 지도이고, 전통방식으로 만든 거의 마지막 지도라서, 옛 마을과 전통적 공간 인식이 담겨 있습니다. 서울대 규장각 홈페이지에서 열람할 수 있습니다.

옛 길의 경로를 잘 정리한 책으로, 1981년 한국도로공사에서 발간한 『한국도로사』가 있습니다.

사진을 통해 서울의 변화과정을 보고 싶다면, 2005년 서울시사편찬위원회에서 발간한 『사진으로 보는 서울』 시리즈, 서울역사박물관에서 발간한 『강남 40년, 영동에서 강남으로』, 2010년 서초구청에서 발간한 『과거로부터 현재까지 서초전 자료집』을 참고하십시오.

전철 노선도도 서울 변화과정을 이해하는 데 좋은 자료가 됩니다. 옛 서울 중심부를 관통하던 전철 1호선부터 현재 노선에 이르기까지 순서대로 살펴보면, 서울의 도시화과정을 이해할 수 있습니다. 수도권 전철과 연계되면서 앞으로 서울의 영향력이 어느 범위까지 뻗어 나갈지 생각해 볼 수 있습니다. 그리고 전철 역명에는 서울의 역사가 담긴 지명이 많아, 지역을 이해하는 데도 도움이 됩니다.

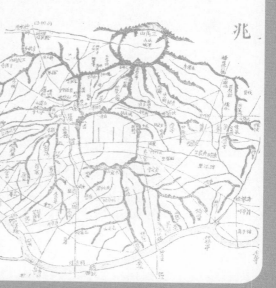

책에 나온 옛 지도를 알고 싶어요!

도성도都城圖

1788년경
서울대 규장각 한국학연구원 소장

한양의 전경을 회화식으로 표현한 지도이다. 왕이 내려다본 도성의 풍경을 표현하기 위해 목멱산(남산)을 앞쪽(위쪽)에, 삼각산과 도봉산을 뒤쪽(아래쪽)에 펼쳐, 남북을 바꾸어 그렸다.

북한성도北漢城圖
(동국여도東國輿圖)

19세기 전반
서울대 규장각 한국학연구원 소장

채색필사본. 북한산성의 주변 산지와 내부의 관아 건물을 중심으로 그린 산성지도이다.

**양주 지도
(조선후기 지방 지도)**

1872년
서울대 규장각 한국학연구원 소장

현재 서울시의 광진구, 중랑구, 노원구, 도봉구와 경기도의 의정부시, 양주시, 남양주시, 동두천시, 구리시 일대가 조선시대에는 옛 경기도의 양주 땅이었음을 알 수 있다.

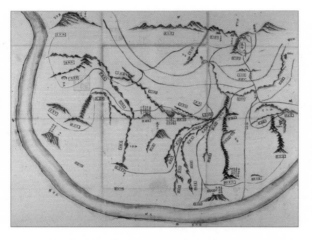

**고양 지도
(조선후기 지방 지도)**

1872년
서울대 규장각 한국학연구원 소장

현재 경기도 고양시 일대의 모습을 그린 지도이다. 난지도, 행주산성, 한강이 보인다. 오늘날 일부지역은 서울시에 편입되었다.

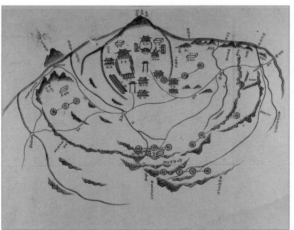

**양천 지도
(조선후기 지방 지도)**

1872년
서울대 규장각 한국학연구원 소장

현재 서울시의 양천구, 강서구와 경기도의 김포시 일부지역은 조선시대에는 옛 양천 땅이었음을 알 수 있다.

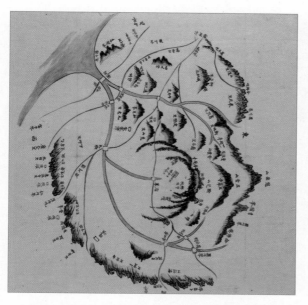

시흥 지도
(조선후기 지방 지도)

1872년
서울대 규장각 한국학연구원 소장

정조대에 금천에서 시흥으로
지명이 바뀌었다. 현재 서울시
에서 영등포구, 관악구, 구로구,
금천구와 경기도 안양시, 광명
시 일부 지역이 포함되었다.

과천 지도
(조선후기 지방 지도)

1872년
서울대 규장각 한국학연구원 소장

관악산에서 한강까지 조선시대
과천의 모습을 그린 지도이다.
과천은 조선시대에는 독립된
군현이었으나, 일제강점기에는
시흥군 과천면이 되었다. 현재
서울시 동작구, 서초구의 많은
부분이 조선시대에는 과천에
속하였다.

광주 지도
(조선후기 지방 지도)

1872년
서울대 규장각 한국학연구원 소장

남한산성을 중심으로 그렸다.
현재 서울시의 송파구, 강동구,
강남구도 조선시대에는 광주
땅이었다.

남한산성도南漢山城圖
(동국여도東國輿圖)

19세기 전반
서울대 규장각 한국학연구원 소장

조선시대 한강나루, 송파나루,
광나루를 지나, 남한산성으로
연결되는 경로가 잘 나타나 있
다. 광나루(광진)를 지나면, 옛
경기도의 광주 땅이 됨을 알 수
있다.

경강부임진도京江附臨津圖
(동국여도東國輿圖)

19세기 전반
서울대 규장각 한국학연구원 소장

조선시대 남한강, 북한강, 경강
(한강, 임진강) 유역의 주요 지점
을 표시하였다.

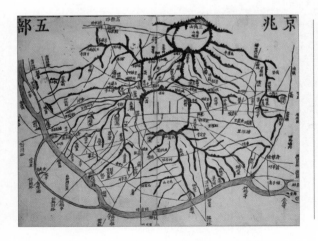

경조오부도京兆五部圖
(대동여지도大東輿地圖)

1861년
서울대 규장각 한국학연구원 소장

목판본, 김정호 편찬, 조선시대
한성부의 도성 밖 지역을 상세히
그린 지도이다.

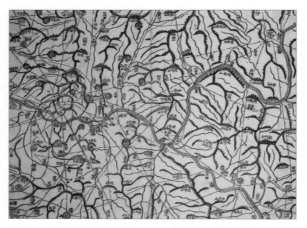

대동여지도(서울, 경기도)

1861년
서울대 규장각 한국학연구원 소장

목판본, 김정호 편찬, 지도 가운데 흐르는 강이 한강이다. 한강 북쪽 한성부 외곽은 양주와 고양이었다. 한강 남쪽 경기도의 군현은 양천, 시흥, 과천, 광주였음을 알 수 있다. 군현 경계를 점선으로 표시하였다.

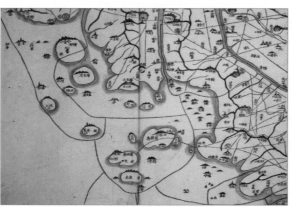

대동여지도(경기도)

1861년
서울대 규장각 한국학연구원 소장

목판본, 김정호 편찬, 김포, 통진, 강화, 부평, 인천, 서해안 지역이 지도에 나타난다.

책에 나온 고서를 알고 싶어요!

신증동국여지승람新增東國輿地勝覽

1530년에 이행, 윤은보, 시공제, 홍언필, 이사균 등이 『동국여지승람』을 증수 · 편찬한 인문지리서. 55권 25책.

우리나라의 지역 정보를 담은 책이다. 제 1권 경도 상, 제 2권 경도 하, 제 3권 한성부, 제 6권 광주목, 제 8권 과천현, 제 10권 양천현과 금천현, 제 11권 양주목과 고양군이 현재의 서울 관련 부분이다.

택리지擇里志

1751년에 실학자 이중환(1690~1756)이 저술한 지리서.

팔도총론 경기도 부분이 현재 서울을 이해하는 데 많은 도움을 준다.